L'Univers obscur du corps

DU MÊME AUTEUR (sélection)

La Nature et les Prodiges. L'insolite au XVIe siècle en France, Genève, Droz, 2e éd., « Titre courant », 1996.

ÉDITIONS

Ambroise Paré, *Livre des Animaux et de l'excellence de l'homme*, Mont-de-Marsan, Éditions InterUniversitaires, 1990.

Rabelais, *Le Tiers Livre*, Paris, Hachette, « Le livre de poche », 1995.

Ulisse Aldrovandi, *Monstrorum Historia*, Paris, Les Belles Lettres & Turin, Nino Aragno Editore, 2002.

Jean Nider, *Les Sorciers et leurs tromperies*, Grenoble, Éditions Jérôme Millon, 2005.

Pontus de Tyard, *Le Premier Curieux*, Paris, Classiques Garnier, 2010.

Pontus de Tyard, *Mantice*, Paris, Classiques Garnier, 2014.

Érasme, *Apologia adversus debacchationes Petri Sutoris*, Leiden-Boston, Brill, 2018.

Jean Fernel, *Des causes cachées des choses / De abditis rerum causis*, Paris, Les Belles Lettres, « Les Classiques de l'Humanisme », 2021.

En direction ou en collaboration

Le Corps à la Renaissance, Paris, Aux Amateurs de Livres, 1991.

Ronsard, *Œuvres complètes*, Paris, Gallimard, Bibliothèque de la Pléiade, t. I, 1993 & t. II, 1994.

Montaigne, *Les Essais*, Paris, L.G.F., « La Pochothèque », 2001.

Anthologie de la poésie française du XVIe siècle, Paris, Gallimard, 2005.

Pontus de Tyard, *De recta nominum impositione*, Paris, Champion, 2007.

Pierre Boaistuau, *Histoires prodigieuses*, Genève, Droz, 2010.

Guillaume du Bartas, *La Sepmaine ou Creation du Monde*, Paris, Classiques Garnier, 2011.

Guy Lefèvre de la Boderie, *Hymnes ecclésiastiques*, Genève, Droz, 2014.

Ambroise Paré, *Les Œuvres*, 4 vol., Paris, Classiques Garnier, 2019.

Paul Broca, *L'Empire des tropiques, fiction médicale inédite*, Grenoble, Éditions Jérôme Millon, 2020.

Jean Céard

L'univers obscur du corps

Représentation et gouvernement des corps à la Renaissance

Les Belles Lettres/*essais*

www.lesbelleslettres.com
Retrouvez Les Belles Lettres sur Facebook et Twitter

95, boulevard Raspail, 75006 Paris.

ISBN : 978-2-251-45168-8

Introduction
L'univers obscur du corps

« Connais-toi toi-même. » On sait l'extraordinaire diffusion du précepte de Delphes et la diversité des interprétations qui depuis deux mille ans en ont été proposées. Elles ont en commun de considérer l'âme et elle seule, car, comme le rappelle Porphyre dans l'un des fragments subsistants de son traité consacré à ce fameux précepte, Platon nous invite à tenir pour nécessaire la seule connaissance de soi à l'exclusion de tout le reste, en distinguant l'homme intérieur de l'homme extérieur : « À l'homme intérieur se rapporte l'intelligence perfectissime, en quoi réside ce que nous appelons homme, dont chacun de nous est seulement l'ombre et l'image ; à l'effigie extérieure, tout ce qui a affaire au corps et aux biens[1]. »

Or l'avènement du christianisme infléchit fortement ce spiritualisme : en promettant aux corps de ressusciter, il pose, pour reprendre les mots de H.-I. Marrou, que « l'homme n'est pas

1. Fragment conservé par Stobée, *Florilegium*, Tit. XXI (« De cognoscendo seipsum »), éd. Gesner, Bâle, 1543, p. 184. Gesner traduit : « Ad interiorem pertinet perfectissima mens, in qua id existit, quod hominem appellamus, cuius unusquisque nostrum umbra dumtaxat et imago est. Ad externum vero simulacrum illud pertinent illa, quae circa corpus sunt ac possessiones. »

l'âme seulement, mais aussi ce corps qui lui est uni et qui est promis à la rénovation eschatologique[2] ». De plus, ce qui est ainsi appelé à ressusciter, ce n'est pas seulement le corps uni à l'âme, mais ce corps uni à cette âme : chacun ressuscitera avec son propre corps, car « il n'est pas juste de punir dans un corps une âme qui a péché dans un autre, ni de couronner un corps qui n'a point souffert pour Jésus-Christ, à la place d'un autre qui a répandu son sang pour l'amour de lui[3] ». Enfin ce corps est un corps de chair, tout à fait distinct des autres corps parmi lesquels on le range communément, comme, par exemple, les corps célestes. Saint Jérôme le souligne fortement contre Jean de Jérusalem, qu'il accuse d'origénisme : « Tout ce qui est chair est corps ; mais tout ce qui est corps n'est pas chair. Ce qu'on appelle proprement chair est une substance composée de sang, de veines, d'os et de nerfs[4]. »

Ce corps n'est pas le simple instrument de l'âme, comme le souligne Thomas d'Aquin[5]. Entre le corps et l'âme il existe une solidarité, une union si étroite qu'on peut dire que l'âme a besoin du corps, que, séparée de lui par la mort, elle aspire à le retrouver, qu'elle n'est tout à fait elle-même qu'unie au corps qu'elle anime. Telle est la doctrine que partagent très généralement, à quelques exceptions près comme Jean Bodin, les auteurs de la Renaissance.

2. H.-I. Marrou, recension de Pierre Courcelle, *« Connais-toi toi-même », de Socrate à saint Bernard*, dans *Journal des Savants*, 1977, 2, p. 132.

3. S. Jérôme, *Aduersus Iohannem*, 26, cité par Serge Margel dans son stimulant petit livre intitulé *L'Invention du corps de chair. Essai d'anthropologie religieuse du premier christianisme*, Paris, Cerf, 2016, p. 31. Voir aussi Yves-Marie Duval, « Tertullien contre Origène dans le *Contra Iohannem Hierosolymitanum*, 23-26, de saint Jérôme », *Rev. d'Ét. augustiniennes et patristiques*, 1971, vol. 17, 3-4, p. 228-278.

4. Cité par Serge Margel, ouvr. cité, p. 27. Voir *PL* XXIII, col. 379 B : « Caro est proprie, quae sanguine, venis, ossibus, neruisque constringitur. » Voir aussi l'analyse de Y.-M. Duval, art. cité, p. 234-235.

5. Voir les analyses de É. Gilson, *Le Thomisme*, Paris, Vrin, 1972, p. 243-245 et 252.

On verra que pourtant ceux-ci emploient, pour parler de la relation de l'âme et du corps, des métaphores variées dont certaines ne sont pas très adéquates : ainsi l'étude même de ces métaphores donne souvent un accès direct à leur pensée.

Cela étant, que savons-nous et que pouvons-nous savoir de la vie intérieure du corps ? La question se pose au moins depuis Hippocrate. L'auteur de l'*Art*, indique Jacques Jouanna, « établit une distinction entre les maladies dont le siège est à la surface de la peau et les maladies qui logent dans les cavités du corps[6] » ; mais il ne renonce pas à soigner les secondes : « Ce qui échappe au regard des yeux, tout cela est vaincu par le regard de l'intelligence », écrit l'auteur au chapitre 11 ; la médecine, écrit-il encore,

> empêchée [...] de rien voir de cette vue des yeux qui permet à chacun d'examiner suffisamment les objets, s'est créé des ressources auxiliaires, observant la netteté ou la raucité de la voix, la rapidité ou la lenteur de la respiration, et, pour chacun des flux ordinaires, les voies qui leur livrent issue[7].

Les discussions ultérieures sur l'expérience clinique et sur l'observation anatomique, que rappelle le premier chapitre de ce livre, font voir qu'un débat depuis longtemps ouvert se poursuit et se renouvelle profondément, et que la promotion de l'anatomie dont on fait un peu trop vite uniment gloire à la Renaissance ne va pas sans des mises en doute réfléchies qui hésitent à penser que la profondeur du corps puisse ainsi être tout entière livrée au regard.

Au reste, la Renaissance offre un certain nombre de cas-limites qui, s'ils n'ouvrent pas l'univers obscur du corps, font voir que

6. Jacques Jouanna, *Hippocrate*, Paris, Les Belles Lettres, 2017, p. 432.
7. Hippocrate, *L'Art*, 12.

celui-ci fait l'objet d'instantes interrogations. Ces cas risquent, en effet, de brouiller la représentation du corps dans ses rapports à l'âme et d'ébranler la construction des individualités. Aussi se propose-t-on de les considérer dans les trois chapitres suivants. Le lycanthrope, l'ensorcelé, le fou sont, à des degrés divers et sous des formes diverses, trois figures d'*aliénés*. Le lycanthrope ou loup-garou se met en loup, comme disent ceux qui parlent de cet étrange personnage, sans qu'on sache bien s'il revêt un simple vêtement, ou une peau, ou encore un autre être ; l'ensorcelé est, en toute conscience ou à son insu, harcelé ou même habité par un être diabolique qui lui dispute la maîtrise de son corps ; le fou côtoie l'homme sensé comme s'il était son double, en une périlleuse proximité.

À défaut de pouvoir scruter l'intimité des corps, d'être en état d'en franchir la clôture, il faut mettre en place des procédures indirectes d'observation, édifier un complexe savoir conjectural qui sache repérer et croiser les signes. Pour ce faire, la Renaissance, assurément, recueille un ample héritage sémiotique. À son tour, elle enrichit notablement ce savoir en le rangeant parmi les divinations, auxquelles on sait qu'elle porte un fervent intérêt. Tel est l'objet du dernier chapitre.

Cet essai doit son titre à un délicat poème de *La Fable du monde* de Supervielle :

> Quand dorment les soleils sous nos humbles manteaux
> Dans l'univers obscur qui forme notre corps,
> Les nerfs qui voient en nous ce que nos yeux ignorent
> Nous précèdent au fond de notre chair plus lente,
> Ils peuplent nos lointains de leurs herbes luisantes
> Arrachant à la chair de tremblantes aurores.

C'est le monde où l'espace est fait de notre sang.
Des oiseaux teints de rouge et toujours renaissants
Ont du mal à voler près du cœur qui les mène
Et ne peuvent s'en éloigner qu'en périssant.
Car c'est en nous que sont les plus cruelles plaines
Où l'on périt de soif près de fausses fontaines.
Et nous allons ainsi, parmi les autres hommes,
Les uns parlant parfois à l'oreille des autres.

Ce poème est intitulé « Nocturne en plein jour ». Un autre titre possible pour cet essai. Je garde un vif souvenir du commentaire que, dans un cours assez intime, il y a bien longtemps, en fit mon maître Étiemble. Et j'y associe Caroline Noirot qui, un jour, m'a amicalement incité à écrire ce petit livre.

Chapitre 1
Les mirages de l'anatomie

L'humanisme est d'autant plus attentif à la promotion du corps qu'il marie le « Connais-toi toi-même » de Delphes à la fameuse affirmation paulinienne fondatrice des théologies naturelles : « Invisibilia ipsius [Dei], a creatura mundi, per ea quae facta sunt, intellecta, conspiciuntur, sempiterna quoque eius virtus et diuinitas[1] », ou, comme traduit Jacques Lefèvre d'Étaples, « Les choses invisibles de Dieu sont venues en entendement par la creation du monde, quand elles sont entendues par les choses qui sont faictes : aussy sa puissance eternelle et sa divinité. » Témoigne au plus haut chef de Dieu ce corps humain qu'il a créé. Les études d'anatomie sont profondément imprégnées de cette conviction. Galien disait déjà, dans le dernier chapitre du *De usu partium*, qu'outre tous ses bienfaits pratiques, aider à la connaissance des maladies internes, instruire du rôle des parties du corps, guider le thérapeute, l'anatomie apporte d'abord ce profit de « savoir avec l'utilité des parties la puissance et sagesse

1. Épître aux Romains I, 20.

du créateur d'icelles[2] ». Cette proposition se retrouve souvent, par exemple sous la plume du grand Guy de Chauliac (ca 1298-1368), qui, mentionnant Galien, assure que l'une des utilités de la science de l'anatomie, « et la plus grande, est la merveilleuse admiration de la puissance de Dieu[3] », ou chez l'influent Jean de Vigo (ca 1450-1525), qui rappelle que la première utilité de l'anatomie est de « demonstrer la puissance divine d'avoir creé le corps humain si perfaict en ses qualitez[4] ». Or, ce n'est pas là une formule destinée seulement à rehausser le prestige de l'anatomie ou de ses praticiens et simplement propre à embellir une introduction ou une conclusion. Quand Ambroise Paré la reprend, c'est avec une glose qui en révèle la nécessité et la profondeur :

> Quant à son utilité, il y en a quatre principales : dont la premiere nous meine et conduit à la cognoissance du Createur, comme l'effect à la cognoissance de sa cause, ainsi que tesmoigne sainct Paul, disant que les choses invisibles de Dieu sont manifestees et cogneues par l'intelligence des choses faites et sensibles.

Ambroise Paré a lu divers apologistes, protestants et catholiques, du christianisme. Ils ont en commun le sentiment de la nécessité de la connaissance de soi, qu'il faut juger plus importante, comme le demandait déjà Socrate, que la connaissance du monde et des affaires de la cité. Le pasteur et théologien protestant Pierre Viret, dans son *Exposition de la doctrine de la foy Chrestienne* (1564), loue

2. Galien, *De l'usage des parties du corps humain*, XVII, 2, trad. Jaques Dalechamps, Lyon, Guillaume Rouille, 1565, p. 995.

3. Voir A. Paré, *Les Œuvres*, éd. E. Berriot-Salvadore, J. Céard et G. Pineau, Paris, Class. Garnier, 2019, t. I, p. 376, n. 3.

4. Jean de Vigo, *De Vigo en francoys. La practique et cirurgie*, trad. N. Godin, Paris, A. L'Angelier, 1542, I, p. 3b. L'italien dit plus sobrement : « prima [utilità] in vedere l'omnipotenza di Dio ».

vivement les philosophes « qui ont repris et condamné ceux qui ne s'amusoient sinon à la contemplation du ciel et de la terre, et de la nature des autres creatures, et cependant ne descendoyent point jusques à eux, pour se cognoistre eux-mesmes, et leur nature[5] ». Paré, qui l'a lu, se plaint de ce que les hommes « veulent sçavoir le cours des cieux, les mouvemens du Soleil et de la Lune, les dimensions de la terre, et ce pendant ne se soucient de se cognoistre eux-memes, et de sçavoir l'excellente et merveilleuse composition de leurs corps[6] ». Paré ne déplace pas la pensée de Viret : pour celui-ci aussi, la connaissance de soi implique au premier chef la connaissance du corps ; il annonce qu'il va montrer « combien il est necessaire à l'homme de se cognoistre soy-mesme, et quel profit il peut recevoir de ceste cognoissance, et premierement de celle de son corps[7] ».

Ce n'est pas là rétrécissement du regard, comme le fait comprendre une précision d'un autre médecin, Nicolas de Haupas, qui publie en 1555 *Le premier livre de contemplation de nature humaine, contenant la formation de l'enfant au ventre maternel*, et soutient que rien n'importe plus que « la contemplation de nostre propre corps », que « la contemplation de ce domicile de l'ame raisonnable, où est imprimé le vestige du createur[8] », expression qui le montre averti de la notion théologico-philosophique de *vestige*, qu'on a coutume de rapporter à S. Augustin. C'est en l'homme plus qu'en toute autre créature qu'est imprimé ce vestige, cette trace, en l'homme

5. Viret, *Exposition de la doctrine de la foy Chrestienne*, Genève, Jean Rivery, 1564, p. 207-208.

6. Paré, éd. citée, I, 146.

7. Viret, ouvr. cité, p. 207.

8. Nicole de Haupas, *Le premier livre de contemplation de nature humaine*, Paris, Michel de Vascosan, 1555, p. 2 v°.

que transparaît le plus visiblement le passage de celui qui l'a créé. Belle idée dont on ne s'étonnera pas d'entendre Pierre Viret la développer particulièrement. Traitant « de la cognoissance que les hommes peuvent avoir de Dieu en ce monde, et ce que c'est de le voir par devant et par derriere, selon la maniere de parler des sainctes Escritures », allusion au livre de l'Exode[9], il commente :

> Tout ce monde visible, et toutes les œuvres que Dieu a desja faites, et qu'il fait encore journellement en iceluy, nous seront comme si nous avions veu passer Dieu devant nous et que nous l'eussions seulement veu par derriere. Et par mesme raison toutes les creatures nous seront comme les pas qui nous monstrent par où il est passé, et comme la trace d'iceux, en laquelle il a imprimé les pas de sa puissance, sagesse et bonté, à fin que par icelle nous puissions apprendre à cognoistre le chemin que nous devons prendre pour aller à luy[10].

Un grand lecteur de Viret, Pierre de la Primaudaye, auteur, en 1580, d'une *Suite de l'Academie Française*, qui, comme le titre l'indique, fait suite à son *Academie Françoise* publiée en 1577, précise que, si Dieu peut nous être connu par sa création, « le miroir auquel nous le pouvons encor mieux contempler, est l'homme, auquel reluit, et est imprimee une image de l'essence divine, qui ne se trouve point en toutes les creatures visibles », invitation à resserrer le regard qui ouvre la voie à une contemplation de l'homme dans le détail de sa structure, au point qu'un lecteur pressé pourrait se

9. Exode, 33, 23 : « videbis posteriora mea : faciem autem meam videre non poteris ». Cet épisode déclenchera la verve anticléricale du grand Paul Broca, qui, dans un texte inédit, cite le passage et commente : « [Moïse] dut se contenter de ce spectacle, il vit donc la région anococcygienne du Seigneur, et nul ne l'avait vue avant lui, et nul ne l'a vue depuis lui. » (Voir Paul Broca, *L'Empire des Tropiques*, éd. J. Lalouette et J. Céard, Grenoble, Éd. Jérôme Million, 2020, p. 108.)

10. Viret, ouvr. cité, p. 201.

tromper sur la nature de l'ouvrage de notre apologiste : il traite, en effet, presque entièrement d'anatomie.

Plus banalement, le médecin André du Laurens s'applique à montrer « combien l'Anatomie est utile à l'homme pour se connoistre soy-mesme », et, pour établir cette grande vérité, maniant sans prudence les lieux communs du platonisme, il déclare :

> Comme ainsi soit que l'ame, enfermée dans la prison du corps, ne puisse faire ses functions sans l'aide des organes corporels, il est necessaire que celuy qui desire parvenir à la connoissance de l'ame connoisse premierement toute la composition du corps humain[11].

Au reste, nombre de ses contemporains assimilent simplement la connaissance de soi à la connaissance du corps. Le maître-chirurgien Nicolas Habicot, qui publie, sous le titre de *La Semaine ou pratique anatomique*, un simple manuel de dissection du corps humain, souvent réédité, l'annonce comme une « Œuvre utile et necessaire à ceux qui desirent parvenir à la parfaite connoissance d'eux-mesmes ».

Mais quelle connaissance de soi l'anatomie confère-t-elle ? La question est ancienne. On sait par Celse que l'utilité des dissections était déjà matière à discussion entre dogmatiques et empiriques[12]. Les dogmatiques, en quête des « causes obscures », invitaient à l'examen de « ce que jusque-là la nature avait caché » à l'intérieur

11. André du Laurens, *Les Œuvres*, trad. Théophile Gelée, Paris, 1621, I, 5, p. 6a.

12. Voir Philippe Mudry, *La Préface du* De Medicina *de Celse. Texte, traduction et commentaire*, Rome, Institut suisse, 1982 ; Jean-Marie Annoni et Vincent Barras, « La découpe du corps humain et ses justifications dans l'Antiquité », *Canadian Bulletin of Medical History*, X (1993), p. 187-227 ; Rafael Mandressi, « Les limites du cadavre. La tentation de la vivisection humaine, XVIe-XVIIIe siècles », *Histoire, Médecine et Santé*, automne 2012, p. 109-135.

du corps humain : « la place des organes, leur couleur, leur forme, leur taille, leur disposition, leur fermeté, leur mollesse, leur poli, leurs points de contact, puis aussi leurs saillies respectives et leurs creux, leurs imbrications éventuelles » ; car

> lorsque survient une douleur à l'intérieur du corps, celui qui n'a pas appris à connaître la situation de chaque organe interne ne peut savoir ce qui fait mal, et l'organe malade ne peut être soigné par celui qui ignore ce qu'est cet organe ; [de même] lorsqu'une blessure a mis à nu des organes internes, celui qui ignore la couleur de chacun d'eux lorsqu'il est sain ignore ce qui est indemne et ce qui est atteint.

Les empiriques, quant à eux, répliquaient, reprenant les termes de leurs adversaires, que

> la couleur, le poli, la mollesse, la fermeté et toutes les caractéristiques de cet ordre ne sont pas, une fois le corps ouvert, telles qu'elles étaient dans le corps intact : étant donné, en effet, que sans qu'on ait touché au corps, celui-ci subit pourtant des altérations fréquentes qui sont dues à la crainte, à la douleur, à la privation ou à l'excès de nourriture, à la fatigue, à mille autres atteintes légères, il paraît bien plus vraisemblable que les organes internes, qui sont plus tendres et pour lesquels la lumière même est nouvelle, puissent s'altérer.

En toile de fond, l'imposante question de la vivisection humaine. Celse s'intéresse aux recherches anatomiques de deux fameux médecins alexandrins, Hérophile de Chalcédoine et Érasistrate de Céos, qui, outre la dissection de cadavres, auraient pratiqué des vivisections sur des criminels. C'est notamment à leur intention que les empiriques déclaraient :

> Il n'est rien de plus absurde que de croire que chez un homme qui est en train de mourir, à plus forte raison quand il est déjà mort, tout est exactement comme lorsqu'il était vivant. [...] Le résultat qu'obtient le

médecin est d'assassiner sauvagement un homme, non pas de savoir comment sont nos organes internes quand nous sommes vivants.

Divers grands médecins sont soupçonnés d'avoir pratiqué des vivisections. André du Laurens, qui est convaincu de l'utilité de l'anatomie, met quand même le médecin en garde : « Or il anatomisera seulement les hommes morts, encore que je sçache qu'Erophile et Erasistrate entre les Anciens, et Carpus et Vesale entre les modernes, ayent dissequé vifs par permission du Magistrat souverain, ceux qui estoient condamnez à mort[13]. » Ces soupçons trahissent une sorte de fantasme : pratiquer une anatomie sensible qui cherche, au point même de sa manifestation, à épier la vie, au prix de sa destruction, qui est à l'affût de l'instant fugitif où son anéantissement même va la donner à voir.

Pierre Viret est passionné d'anatomie, où il voit, lui aussi, « une vraye theologie naturelle » ; il est même probable qu'il en a une connaissance plus que livresque ; il est, par exemple, informé dès sa découverte de l'existence de l'étrier, qui vient s'ajouter au marteau et à l'enclume pour constituer la chaîne des osselets de l'oreille, et il en recommande l'observation directe :

> Et quant à ces petits osselets desquels je parle à present, et nommément touchant le troisieme, duquel aucuns se sont pris garde depuis n'a guere, on les appercevra mieux en une anatomie seche, et en une teste de mort qui n'aura plus que les os tout nuds, qu'en un corps entier, comme je l'ay experimenté moy-mesme[14].

13. André du Laurens, *Les Œuvres*, I, 9, trad. Théophile Gelée, Paris, 1621, p. 9. Carpus est Jacopo Berengario da Carpi (ca 1457-1530), important commentateur de Mondino, *Commentaria cum amplissimis additionibus super anatomiam Mundini*, Bologne, 1521.

14. Pierre Viret, *op. cit.*, p. 294.

Son livre se présente comme un dialogue entre un maître, Philippe, et son disciple, Nathanaël. Pour celui-ci, le maître a détaillé et ordonné les diverses composantes du corps humain. Nathanaël résume ce parcours :

> Il me semble que je voye maintenant le corps humain, comme une anatomie seche, n'ayant sinon les os liez et attachez les uns avec les autres par leurs ligaments, ou par des filets et cordeaux qui les representent. Et pourtant [= pour cette raison] tu as aussi fait mention des nerfs, lesquels ne peuvent estre conjoints avec les os et les autres parties du corps, sans estre revestus de chair : il reste maintenant que tu me revestes tout ce corps nud, et despouillé de sa couverture, du vestement duquel Job dit aussi que Dieu l'a vestu, à savoir de peau et de chair[15].

Philippe saisit très bien la demande : « Tu veux donc que [...] j'en face un homme entier. » Et il fait observer que nous pourrons ainsi façonner une parfaite image d'homme, à l'instar des meilleurs peintres, mais que ce ne sera qu'une image : cette imitation, la langue du XVIe siècle l'exprime par le terme riche de sens de *contrefaire*. Philippe conclut ainsi le débat :

> Les plus excellens ouvriers prennent dessus le naturel pour leur patron et pourtrait toutes les parties qui sont les plus belles en plusieurs, lesquelles ils assemblent puis après toutes en un corps. [...] Mais cependant il n'y a ny ame, ne vie, ne sentiment, ne mouvement, ne sens ny entendement, ne raison ny intelligence, non pas mesme en la plus belle idole et au plus beau dieu que tous les plus excellens peintres et imagers pourroyent former et contrefaire. Car ils ne leur pourroyent seulement donner autant de vie qu'une rave ou un oignon en ont[16].

En somme, nous pouvons bien démonter et remonter tout l'assemblage du corps : la vie qui l'anime nous échappe.

15. *Ibid.*, p. 248.
16. *Ibid.*, p. 251.

Rien ne peut certes remplacer l'observation directe, comme s'en félicite Jean Riolan, qui se défend de s'appuyer sur des relations étrangères, et assure avoir élaboré sa description du corps humain « oculatis manibus, quae non credunt nisi quod vident[17] », « avec des mains pourvues d'yeux, qui ne croient que ce qu'elles voient », forte formule venue de Plaute et notée par Érasme dans ses *Adages*[18]. Mais ce n'est pas à dire que, même pourvues d'yeux, les mains puissent apercevoir ce qui assure et entretient la cohésion de l'assemblage du corps humain. Pierre Boaistuau, au chapitre 28 de ses *Histoires prodigieuses* (1560), rapporte qu'une femme de Nursia enfanta « un enfant vif, qui avoit la partie superieure du ventre tellement ouverte qu'on luy voyait les intestins nuds et descouverts[19] ». L'auteur doit ce récit au paradoxographe Julius Obsequens[20], mais il oublie de dire que, selon ce dernier, l'enfant mourut à la naissance, et il préfère offrir à ses lecteurs ce commentaire significatif :

> Si les anciens medecins Grecz et Arabes (qui estoyent si frians de rechercher les secretz de la fabrique du corps humain qu'ils demandoyent aux Roys les corps des condamnez, pour les ouvrir tous vifs), eussent eu ce petit monstre à leur commandement, ils n'eussent exercé telle boucherie, tyrannie et cruauté à l'endroit des creatures vives, comme ilz faisoyent. Car jectans l'œil seulement sur le corps de ce petit monstre, ils eussent veu et descouvert la substance, la magnitude, le nombre, la figure, la

17. Jean Riolan, *Anthropographia, ex propriis, et nouis Observationibus collecta, concinnata*, Paris, Plantin, 1618, dédicace à Louis XIII.

18. Érasme, Adage 731, citant Plaute, *Asin.*, 202, « Semper oculatae nostrae sunt manus, credunt quod vident. »

19. Pierre Boaistuau, *Histoires prodigieuses*, éd. St. Bamforth et J. Céard, Genève, Droz, 2010, p. 637.

20. Julius Obsequens, *Prodigiorum liber*, 40 : « Nursiae gemini ex muliere ingenua nati, puella integris omnibus membris, puer a parte priore aluo aperto ita ut nudum intestinum conspiceretur, idem posteriore natura solidus natus, qui voce missa expirauit. »

> situation, l'utilité et l'action de toutes les principales parties du corps humain, les esprits estant dedans.

Les esprits sont les véhicules de l'âme, de la vie : sans eux, l'être que la dissection donne à voir est comme mutilé, – contrefait. Une gravure montre un enfant déjà grand, qui se tient debout, son ventre ouvert en œillet laissant voir ses entrailles.

Voilà, pour ainsi dire, une vivisection naturelle, qui laisse vivre l'être qui en est l'objet. Habile (mais bien improbable) manière de tourner l'interdit de la vivisection. Une autre façon de s'en affranchir consiste à raconter, non sans réprobation, des histoires de vivisection, comme celle que rapporte Sylvain, c'est-à-dire le Flamand Alexandre Van den Busche, « D'un chirurgien qui tua un homme pour voir le mouvement d'un cœur vif[21] ». Le livre de Sylvain est un recueil de procès fictifs, où se déploie la rhétorique judiciaire du plaidoyer et du réquisitoire. Quant au chirurgien mis en scène par le narrateur, remarquons qu'il était de Padoue, probable souvenir des soupçons qui ont pesé sur Gabriel Fallope. Ce chirurgien avait fait, dit le narrateur, « plusieurs experiences admirables de son art », et « comme la convoitise des sciences n'est moindre que celle des richesses, il luy vint un grand desir d'ouvrir un homme vif pour bien cognoistre le mouvement du cœur ». Il voulut satisfaire sa *cupido sciendi* et sollicita le sénat de Venise, mais celui-ci ne voulut jamais l'autoriser à « ouvrir » un criminel. Or, un jour, un pauvre soldat, « assez bien proportionné et sain de sa personne », revenant de la guerre « demanda l'aumosne au Chirurgien, qui le fit entrer et le nourrit secrettement trois jours

21. Alexandre Sylvain, *Epitomé de cent histoires tragiques, partie extraittes des Actes de Romains, et autres, de l'invention de l'Autheur, avecq' les demandes, accusations et deffences sur la matiere d'icelles*, Paris, Nicolas Bonfons, 1581, Epit. 92, p. 193 v° et suiv.

à sa fantaisie, puis l'ayant mené en une cave, par quelques gens appostez à cela, le feit lier à un poteau, et l'ouvrant vif, veid en lui ce qu'il avoit tant desiré ». Le chirurgien fut arrêté et mis en procès. Il assura que, certes, il avait tué un homme, mais, soutint-il, c'était « pour sauver la vie à une infinité d'autres, non seulement par les cures que j'espere faire durant ma vie, mais par ce que je laisseray par escrit apres ma mort ». Le chirurgien ne craint pas d'affirmer « qu'il est licite aux Chirurgiens de faire plusieurs choses, qui ne seroient décentes aux Senateurs les accorder, mesmes auroient horreur d'en ouïr parler » ; au reste, il n'a pas été tenu de solliciter le droit, par exemple, de couper « le sein d'une femme pour sauver le restant du corps ». Pour revenir au geste qui lui est reproché, il suggère que le malheureux était peut-être moins innocent qu'il ne paraît : « Car en premier lieu il avoit mauvaise phisionomie, il venoit de la guerre, qui est un lieu où l'on ne va que pour tuer ou pour estre tué », et il était sans doute déserteur.

Le réquisitoire du procureur général met certes en œuvre l'argumentaire de l'humanité et de la compassion. Mais il use aussi d'autres considérations de poids. Celle de l'expérience retrouve le vieux débat de l'*anatomia sensibilis* et de l'*anatomia rationalis*, tel que le présentait Berengario da Carpi.

> Vous descouvrez votre ignorance, qui, dit le procureur, ne comprend rien que par experience. Il semble à vostre dire que tout se doit sçavoir par experience. S'il est ainsi vous devriez tascher d'avoir en vostre corps, une à une, toutes les maladies ou accidents desquels vous voulez guarir les autres, ou bien croire à ce que les autres en ont escrit.

Deuxième considération :

> Cette experience tant cruelle, si vous eussiez été autant bien avisé que curieux, se pouvoit faire sur quelque beste qui n'eût les intestins fort dissemblables à l'homme.

Tel est aussi l'argument de Du Laurens, qui, par pétition de principe, pose, par exemple, que « le batement du cœur et des arteres, et les mouvemens du cerveau, du diaphragme et des boyaux sont totalement semblables aux hommes et aux brutes[22] ». Le procureur ne s'attarde pas à discuter ce point discutable, et préfère incriminer la cruauté pour ainsi dire professionnelle de l'accusé :

> Comme ceux qui ont commencé à espandre le sang humain, ne s'en peuvent garder quand ils veulent, ainsi estant accoustumé à coupper les membres, sans qu'il en soit grand besoing, tousjours devenant plus cruel, avez-vous voulu toucher jusques au cœur.

Pas plus que les autres histoires relatées dans l'*Epitomé* de Sylvain, celle-ci n'est conclue. Mais sa relation suffit pour faire voir à la fois la séduction qu'exerce l'anatomie, et cette sorte de crainte révérencieuse qui entoure sa pratique : l'ambition de l'anatomie est d'accéder au secret de la vie, au point de chercher à l'atteindre en son siège même, au cœur ; mais en même temps elle est forcée de la détruire au moment même où elle accède à elle, de donner la mort pour saisir la vie. En quête du secret de la vie, l'anatomie a paradoxalement affaire avec la mort. Pierre de la Primaudaye le dit métaphoriquement quand il recommande qu'

> en regardant l'admirable composition et disposition des membres de nostre corps, il nous souvienne du Createur d'icelui, qui voit ce qui y est plus secret et caché, et qui peut faire comme il lui plaist anatomie et du corps et de l'ame, et les envoyer touts deux en la gehenne du feu eternel, quand ils ne l'ont voulu recognoistre pour la cause efficiente et finale de leur estre[23].

22. André du Laurens, *loc. cit.*

23. Pierre de la Primaudaye, *La Suite de l'Academie françoise*, 1593, p. 18a.

Montaigne, lui aussi, et plus que d'autres, se refuse à penser l'âme qu'il cherche à connaître sans le corps auquel elle est unie. Contre tous les spiritualismes, il ne cesse de redire que nous sommes indissociablement âme et corps. Il en vient même à supposer que « ceux qui nous ont voulu bâtir ces années passées, un exercice de religion, si contemplatif et immatériel[24] » – il désigne ainsi les réformés – pourraient bien ne devoir leur succès qu'aux divisions qu'ils ont provoquées, tant il lui semble que la religion même ne saurait se maintenir sans s'adresser aussi aux sens, quelque superficiels qu'ils soient :

> Les sens sont nos propres et premiers juges, qui n'aperçoivent les choses que par les accidents externes : et n'est merveille, si en toutes les pièces du service de notre société, il y a un si perpétuel, et universel mélange de cérémonies et apparences superficielles : si que la meilleure et plus effectuelle part des polices, consiste en cela. C'est toujours à l'homme que nous avons affaire, duquel la condition est merveilleusement corporelle.

Cela étant, la liaison de l'âme et du corps s'opère secrètement dans l'intimité de notre être et nous demeure inaccessible. Pour le dire, et à nouveau contre les tentations spiritualistes, Montaigne s'ingénie à paraphraser l'Ecclésiaste, XI, 5, ainsi cité parmi les sentences inscrites sur les poutres de sa bibliothèque : « Sicut ignoras quomodo anima coniungatur corpori, sic nescis opera Dei. Eccl. 11 », « De même que tu ignores comment l'âme est conjointe au corps, de même tu ne sais pas les œuvres de Dieu » ; et il écrit pour sa part dans les *Essais* : « Mais comme une impression spirituelle fasse une telle faussée dans un sujet massif, et solide, et la nature de la liaison et couture de ces admirables ressorts, jamais homme ne l'a su[25]. » L'intériorité qui

24. Montaigne, *Les Essais*, III, 8, éd. D. Bjaï, B. Boudou, J. Céard, I. Pantin, sous la dir. de J. Céard, Paris, Libr. générale française, « La Pochothèque », 2001, p. 1456.
25. *Ibid.*, II, 12, p. 839.

retient Montaigne a pour cœur ce point aveugle de la liaison de l'âme et du corps. L'intériorité selon Montaigne, ce n'est pas seulement l'âme plongée dans le corps, ce sont, indissociables, l'âme et le corps, mystérieusement unis et cousus ensemble. Pour bien user de ce terme d'intériorité, il faut le débarrasser des connotations métaphoriques qui l'ont comme accaparé, et le rendre à son sens propre, extrêmement concret, d'un « dedans ». On aura noté, dans la paraphrase plus haut citée de l'Ecclésiaste, le terme de « ressorts ». Observons que Montaigne l'emploie également pour parler de réalités corporelles et de réalités morales. Ainsi, à propos de la pierre qui tourmente les reins de Montaigne :

> La dubitation et ignorance de ceux qui se mêlent d'expliquer les ressorts de nature, et ses internes progrès, et tant de faux pronostics de leur art, nous doit faire connaître, qu'elle a ses moyens infiniment inconnus[26] ;

mais aussi, à propos de la peur :

> Je ne suis pas bon naturaliste (qu'ils disent) et ne sais guère par quels ressorts la peur agit en nous, mais tant y a que c'est une étrange passion[27].

Or ce dedans de notre être, le dehors ne le révèle jamais qu'incomplètement et confusément : nous n'avons pas facile accès aux ressorts qui nous font agir. À cette difficulté sont également affrontés les spécialistes de l'âme et ceux du corps. Si l'analyse morale est chose si malaisée et accessible à si peu d'hommes, c'est qu'elle n'aperçoit d'abord que les actions, qui sont comme le dehors de l'âme et ne la révèlent que très insuffisamment :

> Ce n'est pas tour de rassis entendement, écrit Montaigne, de nous juger simplement par nos actions de dehors : il faut sonder jusqu'au-dedans,

26. *Ibid.*, III, 13, p. 1706.
27. *Ibid.*, I, 18 [17], p. 116.

> et voir par quels ressorts se donne le branle. Mais d'autant que c'est une hasardeuse et haute entreprise, je voudrais que moins de gens s'en mêlassent[28].

Les spécialistes du corps se heurtent à une égale pénombre ; rien d'étonnant que la tâche du médecin, tenu de prendre en compte quantité de facteurs internes et de circonstances qu'il ne maîtrise pas entièrement, soit aussi peu sûre que la divination :

> À quoi s'il faut tant soit peu, si de tant de ressorts, il y en a un tout seul qui tire à gauche, en voilà assez pour nous perdre. Dieu sait de quelle difficulté est la connaissance de la plupart de ces parties : car pour exemple, comment trouvera-t-il le signe propre de la maladie, chacune étant capable d'un infini nombre de signes[29] ?

Qui peut dire encore où se cachent ces particularités héréditaires que seul le temps révèle ? « La ressemblance des enfants aux pères », expression qui sert de titre à un chapitre des *Essais* et qui est alors la manière habituelle de désigner ce que nous appellerions l'hérédité, est, pour Montaigne, un grand sujet d'interrogations :

> Quel monstre est-ce, que cette goutte de semence, de quoi nous sommes produits, porte en soi les impressions, non de la forme corporelle seulement, mais des pensements et des inclinations de nos pères ? Cette goutte d'eau, où loge-t-elle ce nombre infini de formes ? et comme portent-elles ces ressemblances, d'un progrès si téméraire et si déréglé, que l'arrière-fils répondra à son bisaïeul, le neveu à l'oncle[30] ?

Montaigne médite sur sa gravelle qu'il a héritée de ses aïeux, alors qu'il a été conçu par son père à un âge où celui-ci n'en souffrait pas :

28. *Ibid.*, II, 1, p. 544.
29. *Ibid.*, II, 37, p. 1208.
30. *Ibid.*, II, 37, p. 1188.

> Où se couvait tant de temps la propension à ce défaut ? Et lorsqu'il était si loin du mal, cette légère pièce de sa substance, de quoi il me bâtit, comment en portait-elle pour sa part une si grande impression ? Et comment encore si couverte que quarante-cinq ans après, j'aie commencé à m'en ressentir ? seul jusques à cette heure, entre tant de frères, et de sœurs, et tous d'une mère. Qui m'éclaircira de ce progrès, je le croirai d'autant d'autres miracles qu'il voudra[31].

L'époque de Montaigne, comme on l'a dit, valorise l'anatomie, comme le plus sûr moyen de faire voir le dedans du corps, de le déployer sous le regard ; elle aura bientôt son pendant métaphorique avec cette anatomie de l'âme pour laquelle se passionnera le XVIIe siècle. Le parallèle de l'une et l'autre anatomie deviendra même un lieu commun, comme dans ces lignes de Jean-Pierre Camus :

> Tout de même que les médecins, avant que d'entreprendre la cure des corps humains, s'étudient fort à l'anatomie, et en examinent par le menu la composition ; si nous voulons réformer l'intérieur et remettre l'âme détraquée de son devoir en sa droite assiette, il est nécessaire que nous voyions bien clair dans tous ses ressorts, et que nous pénétrions dans tous ses replis, ses détours, et ses cachettes[32].

Montaigne, quant à lui, se méfie de cet engouement pour l'anatomie. S'il accorde un instant quelque mérite à la chirurgie, qui peut remédier à des maladies « palpables », comme le mal de la pierre – « C'est par là, note-t-il, que la chirurgie me semble beaucoup plus certaine, parce qu'elle voit et manie ce qu'elle fait[33] » –, c'est pour observer tout de suite que la médecine, qui

31. *Ibid.*, II, 37, p. 1189.

32. Jean-Pierre Camus, *Traité de la réformation intérieure*, chap. IV, Paris, Sébastien Hué, 1631, p. 28.

33. Montaigne, éd. cit., II, 37, p. 1209.

prétend remédier à des maladies internes, va à l'aveuglette : « Les médecins n'ont point de *speculum matricis*, qui leur découvre notre cerveau, notre poumon, et notre foie. » S'il est très réservé à l'égard de l'anatomie des corps, c'est qu'elle ne lui semble atteindre que très superficiellement le dedans, en ce qu'elle ne peut mettre sous le regard que ce que laisse voir l'ouverture de corps morts. En d'autres termes, ce que les anatomistes donnent à voir, c'est, non pas le corps, mais un objet qui, dépouillé de la vie, n'a plus que l'apparence du corps et n'est guère qu'un dehors. Qu'attendre de leurs examens, dont les objets sont privés de ce qui les constitue essentiellement ? Pour décrire ces corps dont ils ne voient que les restes et imaginer leur fonctionnement, les anatomistes ne peuvent que recourir à des modèles mécaniques. Ce que cette science dépeint, ce ne sont pas des organismes, mais des machines.

Si donc il faut établir un parallèle entre l'anatomie du corps et celle de l'âme, c'est en posant que l'équivalent de ce que donnent à voir les anatomistes du corps, ce sont nos « effets », c'est-à-dire, non seulement nos actions, mais nos mouvements, tels que ceux que Montaigne observe en lui au sortir de l'évanouissement dont le chapitre « De l'exercitation » retrace l'aventure. Or, écrit-il, usant du parallèle, ces effets

> témoignent leur rôle, non pas le mien, si ce n'est conjecturalement et incertainement : Echantillons d'une montre particulière. Je m'étale entier : C'est un *skeletos*, où d'une vue les veines, les muscles, les tendons paraissent, chaque pièce en son siège. L'effet de la toux en produisait une partie : l'effet de la pâleur ou battement de cœur une autre, et douteusement. Ce ne sont mes gestes que j'écris ; c'est moi, c'est mon essence[34].

34. *Ibid.*, II, 6, p. 603.

Une toux, une pâleur, un battement de cœur sont des effets qui certes ne sont pas sans signification possible, mais dont la relation au moi reste conjecturale et incertaine, comme ces mouvements naturels, dit ailleurs Montaigne, qu'on remarquait en lui dans sa petite enfance, « je ne sais quel port de corps et des gestes témoignant quelque vaine et sotte fierté[35] », mais dont il ne peut assurer que tel était le sens, pas plus qu'il n'est possible de dire sûrement ce que signifiait l'habitude d'Alexandre de pencher la tête d'un côté ou celle de Cicéron de se frotter le nez.

On ne peut certes tout à fait négliger ces gestes, mais ils parlent douteusement et partiellement : ce ne sont qu'« échantillons d'une montre particulière ». Le dessein de Montaigne, c'est de s'étaler tout entier, de s'exposer tout entier, de se donner à voir tout entier, comme sur une table de dissection. Mais ce qu'il veut étaler, exposer, donner à voir, c'est, notons-le bien, « un *skeletos*, où d'une vue les veines, les muscles, les tendons paraissent, chaque pièce en son siège ». Objet anatomique inédit[36]. En usant du terme grec, alors que *squelette* existe déjà en français, même s'il n'est pas encore tout à fait acclimaté, Montaigne veut qu'on l'entende en son sens propre :

> La composition universelle ou contexture des os du corps humain, écrit Ambroise Paré, s'appelle des Grecs *Sceletos*, qui signifie Anatomie sèche.

Et Pierre Viret :

35. *Ibid.*, II, 17, p. 976.

36. Le mot technique de *skeletos* ne peut désigner qu'une anatomie sèche, et non pas un écorché, comme le propose Bernard Roukhomovsky, « "Comme l'anatomie a trouvé dans le cœur..." : la métaphore anatomique chez les moralistes classiques », 11, *La Réserve*, vol. III, n° 2, nov. 2017 [En ligne]. Voir aussi la discussion de Marie-Luce Demonet, « Le *skeletos* de Montaigne ou la leçon d'anatomie », *Théâtre de l'anatomie et corps en spectacle*, éd. I. Zinguer et I. Martin, Peter Lang, 2006, p. 63-88.

> Tu veux donc que d'une anatomie seche, laquelle les medecins appelent en Grec, Sceletos, je t'en face voir un homme entier, et plus plaisant à regarder[37].

Mais, en même temps, Montaigne se propose de mettre sous nos yeux, « d'une vue », non seulement le squelette, mais aussi les veines, les muscles, les tendons. Et, qui plus est, il veut qu'on voie « chaque pièce en son siège », à sa place, comme si ce corps pouvait découvrir toutes ses pièces sans pourtant être désassemblé, avec toute la composition et la disposition d'un corps que la vie n'a pas quitté. C'est ce tout qu'il reconnaît comme proprement sien, et non tel geste, qui certes peut avoir un sens, mais qui, de ce tout, est une pièce superficielle et surtout détachée.

On voit avec quelle prudence et quelle audace à la fois Montaigne emploie la métaphore anatomique ; il imagine une improbable, une impossible anatomie, qui donnerait tout à voir sans rien désassembler, une anatomie sans nul découpage, une anatomie qui n'enlèverait pas au corps sa complétude et sa structure, mais lui garderait l'unité du vivant, – un dedans qui serait tout entier exposé au dehors, tout entier livré à la vue, sans cesser d'être un dedans.

Cette méfiance de Montaigne à l'égard de l'anatomie, considérée comme la reine des sciences médicales et capable de les englober toutes, s'exprime en des termes originaux, mais elle ne lui est pas propre. De bons esprits de la Renaissance, des hommes de science, la partagent, même si leur argumentation est sensiblement différente.

37. Pierre Viret, ouvr. cité, p. 248.

Particulièrement significative à cet égard est l'attitude de Jean Fernel : elle n'a pas toujours été bien comprise.

Notons que Fernel n'a composé aucun ouvrage intitulé « Anatomie ». Il intègre ce savoir à sa « Physiologie », qui étudie, dit la Préface, « la nature de l'homme sain, toutes ses forces et toutes ses fonctions (*hominis integri sani natura, omnes illius vires functionesque*)[38] ». Sous le titre de « Description des parties du corps humain » (*De partium corporis humani descriptione*), l'anatomie fait l'objet du premier livre d'un ouvrage en sept livres. Ce premier livre a pu étonner des lecteurs modernes, qui, y voyant son auteur attaché à des « faits positifs » et « près de la réalité matérielle »[39], voudraient qu'il s'y tienne, au lieu de s'égarer dans les généralités et les abstractions. Pourquoi Fernel ne l'a-t-il pas voulu ? Il connaît bien les grands anatomistes de son temps et il ne manque pas de matière. Mais, abordant la description des parties du corps humain, il tient à préciser qu'il ne suivra pas l'ordre de la dissection, « consectionis ordo ».

Dans toutes les sciences, explique-t-il, il existe deux méthodes, l'une d'analyse ou de résolution, l'autre de synthèse ou de composition. La première méthode est plus scientifique : l'homme de science

> recherche et recouvre beaucoup de choses par l'assistance des sens, en s'arrêtant premierement aux choses qui se présentent aux sens, il en recueille enfin avec la seule raison conçue dans son esprit les choses les plus cachées.

38. La *Physiologia* de Fernel est citée d'après son *Universa medicina*, Paris, A. Wechel, 1567 ; la traduction est celle de Charles de Saint-Germain, Paris, Jean Guignard, 1655.

39. Ces mots sont de Louis Figard dans son ouvrage classique, *Un médecin philosophe au XVIe siècle. Étude sur la psychologie de Jean Fernel*, Paris, 1903, p. 89.

Par cette méthode, en effet,

> on examine et l'on observe les causes les plus cachées, procédant avec cet ordre, sçavoir ou du tout et du général aux parties et aux particuliers, ou du composé au simple, ou de l'effet à la cause, ou des choses postérieures aux précédentes.

L'autre méthode, de composition, qui est celle que suit la nature, mais « quelquefois aussi l'art même », unit « les parties au tout, les simples au composé, les causes aux effets, les choses premières aux postérieures, et établit pour première chose ce qui par la résolution avoit été trouvé le dernier ». Fernel, en ce qui le concerne, annonce donc qu'il commencera

> d'expliquer la Médecine par la description du corps humain, qui est le sujet d'icelle, et qui est le premier et le plus manifeste objet qui se présente à nos sens, lequel, ayant expliqué jusques à la moindre petite partie, nous passerons ensuite aux choses qui ne se peuvent comprendre que par la seule pensée.

Il devrait apparemment s'ensuivre que Fernel, recueillant d'abord ce qui peut être atteint « avec l'assistance des sens », rassemblera les données anatomiques, telles que l'ordre de la dissection permet de les appréhender. Pourtant il s'y refuse. En effet, explique-t-il, le corps « a été créé pour l'âme », et lui sert non seulement « de demeure, mais aussi d'organe et d'instrument propre et convenable pour exercer ses facultés, ses vertus et ses fonctions ». Fernel examine brièvement ensuite de quelle façon le corps en est l'instrument, pour définir l'ordre de sa description, et il conclut :

> Desirant faire la description artificielle de l'homme, nous construirons premièrement son Scellet, c'est-à-dire ses parties sèches, arides et ossées, que nous polirons et perfectionnerons puis après avec des ligaments, des nerfs, des muscles, des veines, des artères, de la peau et enfin de toutes les parties internes, et ainsi par le moyen des simples parties de

> l'homme, verra qui voudra sa composition universelle, et beaucoup plus amplement et mieux que s'il considérait à part les parties les plus composées suivant l'ordre de la dissection, car par leur inspection l'on ne peut rien savoir de certain, ni connaître et apprendre aucunement les parties simples qui sont répandues par tout le corps.

Ce travail n'est pas du tout celui des dissecteurs : le corps que propose Fernel est par lui construit, poli et perfectionné en tant qu'il est l'instrument de l'âme.

De fait, dans le détail, Fernel procède bien ainsi, non sans quelques aménagements significatifs. Il commence par les os, auxquels il annexe les cartilages, ainsi que les muscles, qui, dit-il, ne sont pas certes de substance simple comme celle des os, mais « tiennent le premier lieu dans les parties externes ». On le voit, *externe* et *interne* n'ont pas tout à fait le sens, purement topographique, que leur donneraient les dissecteurs. Fernel est conduit à le préciser, quand, ayant achevé cette partie de son étude, il remarque au début du chapitre V :

> Les parties du corps que nous avons ci-dessus expliquées sembleraient être assez suffisantes pour faire toutes les fonctions tant naturelles qu'animales, si cette force de l'esprit qui meut et agite toutes choses par ses mouvements pouvait être arrêtée et contenue en icelles.

Il suffirait, en effet, de ces parties externes et du cerveau pour que l'homme eût le sentiment, le mouvement et l'entendement. Mais le sentiment et le mouvement ne peuvent « subsister sans la faculté vitale ». Il faut donc considérer les parties internes où s'élabore la vie, et étudier progressivement l'abdomen, la poitrine et la tête. C'est au terme de cette (longue) étude que Fernel revient aux parties dites couramment « parties similaires », en commençant par « celles dont toutes les autres ont besoin de leur aide et de leur assistance, et qui sont gouvernées par une fonction et une action commune » : les veines, les artères et les nerfs. Il termine par les membranes et la peau, la chair et les parties molles, la graisse, la moelle, les ongles et les cheveux. Ainsi s'achève ce qu'il appelle « l'exacte et soigneuse description et histoire des parties du corps (*partium descriptio atque historia*) ».

Fernel fait alors remarquer qu'il a

> expliqué chaque partie en particulier, premièrement les similaires ou les simples, et puis en après les composées, car ainsi nous avons estimé que toutes choses seraient plus claires si à l'imitation de la nature, de la connaissance des simples nous prenions celle des composées.

Déclaration qui étonne d'abord, puisque Fernel a, par exemple, étudié les parties internes, très composées, avant d'expliquer des parties comme les nerfs, les veines et les artères, qu'il appelle lui-même du nom traditionnel de « parties similaires » ; en outre, dans l'étude détaillée de ces parties dites similaires, il n'a pas caché les avoir déjà quelque peu considérées. Mais lui-même s'en explique, dans une page certes difficile, au début du deuxième livre, où il invite à distinguer la substance et la fonction. La forme, la figure, la conformation de certaines parties détermine leur fonction d'instrument, même si elles sont de même substance. L'ensemble des os, l'ensemble des veines, l'ensemble des artères a beau être à peu près de même substance, la conformation de chacun d'eux, os, veines ou artères, est différente, et c'est cette conformation qui en fait des parties instrumentaires. L'opposition du simple et du composé ne recouvre pas celle de la partie et du tout. S'il est philosophiquement possible d'assimiler l'une à l'autre, le médecin ne peut y consentir : lui, cherche à connaître le corps humain pour agir sur lui ; or, le corps est l'instrument de l'âme ; c'est en tant que tel qu'il lui importe d'examiner le corps. Si, par exemple, il a été expédient de commencer par les os, c'est qu'ils sont comme les fondements et les colonnes de cette complexe structure instrumentaire.

Certes la dissection n'est pas inutile. Fernel, du reste, lui consacre, à la fin du premier livre de sa *Physiologie*, un assez long chapitre. À celui qui voudra « comprendre clairement ce qui a été ci-devant décrit et se le représenter évidemment devant les yeux », il conseille d'apprendre sur un cadavre la dissection des muscles, puis des os ; sur un autre, celle des viscères internes ; sur un autre, celle des veines ; sur un autre, celle des artères, et enfin, sur un autre, celle des nerfs. Car, conclut-il, « c'est la manière sommaire et principale qui conduit à la recherche de la connaissance exacte des parties du corps ». Mais, puisque certains veulent voir tout cela sur un même corps, Fernel explique comment le choisir et comment procéder à sa dissection, en renvoyant souvent aux pages antérieurement consacrées à la description pour ainsi dire topographique de telle ou telle région du corps : c'est, en quelques pages, un petit manuel de dissection, qui précède immédiatement la conclusion du premier livre. Celle-ci souligne que la connaissance ainsi acquise est nécessaire :

> Ceux qui se remettent en mémoire les choses qui ont été faites ne les peuvent pas bien concevoir dedans leur esprit, si premièrement ils n'ont ou vu de leurs yeux les lieux et les régions où elles sont arrivées, ou, s'ils ne se les sont en quelque façon dépeintes.

Fernel, pour finir, résume cette idée dans cette très frappante comparaison :

> Tout ainsi qu'il faut apprendre la géographie pour la connaissance et la foi de l'histoire, de même il faut apprendre la description du corps humain pour savoir et pour pratiquer l'art de la Médecine (*Ut ad historiae fidem Geographia, ita ad rem medicam corporis humani descriptio pernoscenda*).

Éclairante comparaison qui, à la fois, établit l'utilité de l'anatomie, et les limites de ce savoir. L'anatomie est une sorte d'aide-mémoire ; elle permet de fixer dans l'esprit les choses mêmes, fait remarquer Fernel en s'autorisant de la physiologie de la mémoire qui montre que « ceux auxquels les sens de l'esprit se perdent, ou par maladie, ou par l'âge fort avancé, ou par la longueur du temps, ceux-là perdent premièrement la connaissance des noms que les choses ». Mais ce savoir anatomique ne permet que de mieux se représenter l'« histoire » du corps humain. Ce terme d'*histoire*, étrange à première vue, Fernel l'a déjà employé quand, achevant l'étude des parties du corps, il a dit avoir procédé à l'exacte et soigneuse « description et histoire des parties ». Plus clairement encore, avant d'aborder l'étude des parties internes, qui a requis de lui qu'il fasse appel à la « faculté vitale » pour en justifier l'examen, Fernel a précisé qu'il n'étudiera pas « les fonctions et les usages des parties », que son objet est, pour le moment, « l'histoire pure du corps (*meram corporis historiam*) ». C'est déjà une vaste étude, puisque, outre le « dénombrement des parties », elle doit, écrit-il à la fin du chapitre VI, « expliquer en particulier quelle substance a chaque partie interne du corps, quelle est la composition de ses parties, quelle figure et conformation elle a, quelle grandeur, quelle situation, et quel accord et connexité propre pour faire ses actions ». Mais cette étude n'est pas le tout de la physiologie : il reste à étudier « les fonctions et les usages des parties », ce qui exige qu'on s'élève de l'étude des parties à celle du tout, par rapport auquel peuvent se comprendre ces fonctions et usages ; ou, si l'on préfère, ce n'est pas parce qu'on a étudié, dans le premier livre, tout le corps, qu'on connaît maintenant le tout du corps. Après l'histoire particulière de parties du corps, il faut faire place à une histoire universelle du corps. C'est en saisissant cette totalité qu'on pourra déterminer les fonctions et usages des parties qui la composent.

De là vient que le deuxième livre commence par une réflexion sur la notion de partie. Le premier livre, quant à lui, les a encore déterminées par l'anatomie. Mais il s'est déjà gardé de les examiner dans l'ordre de la dissection. Il a déjà procédé à une sorte de recomposition du corps, guidée par une certaine idée, encore postulée, des fonctions générales de l'être humain. De l'être humain, et non pas seulement du corps humain, car, dès le deuxième chapitre du premier livre, Fernel a souligné, comme on l'a déjà indiqué, que le corps « a été créé pour l'âme », qu'il est son instrument. La physiologie de Fernel est une physiologie de l'homme tout entier, et non pas seulement de son corps. Aussi l'ouvrage comporte-t-il sept livres, dont les trois derniers sont ouverts par cette remarque : « Nous sommes dedans l'explication, non du corps seul, mais aussi de l'homme qui est composé du corps et de l'âme. » En outre, la connaissance du corps seul ne peut être atteinte par la seule « inspection » ; dès le début encore, dans un passage déjà mentionné, Fernel a souligné que la « description du corps humain » doit ouvrir cet ouvrage de médecine, en ce que le corps humain est « le premier et plus manifeste objet qui se présente à nos sens » ; mais qu'il faudra ensuite aborder « les choses qui ne se peuvent comprendre que par la seule pensée ». C'est à quoi il s'emploie à partir du deuxième livre, comme il l'indique dans la préface de celui-ci :

> Le corps humain ayant été par l'anatomie divisé en ses parties qui sont apparentes aux sens, il faut ci-après passer à celles qui se connaissent par la seule pensée et profonder plus avant, et voir de quels éléments une chacune desdites parties est composée, et quel est le mélange des éléments, quel est leur tempérament, et quelles vertus et facultés sont

> cachées en icelles, et par quel esprit et par quelle chaleur elles sont conservées.

Tel est le plan des livres suivants : le deuxième traite des éléments, le troisième des tempéraments, le quatrième des esprits et de la chaleur naturelle. Ici encore, Fernel l'indique, il procédera par la résolution, c'est-à-dire par l'analyse, avant de passer à la composition, c'est-à-dire à la synthèse, qui permettra de « reconnaître quelles sont les causes efficientes de toutes choses, et quelles humeurs sont engendrées, et quel est l'office de toutes ».

C'est vers la connaissance de cette totalité que se dirige tout l'ouvrage de Fernel. L'anatomie n'en est que le préambule, nécessaire mais tout à fait insuffisant. La préface propre du deuxième livre le souligne avec force ; elle condamne ceux qui, « entreprenant d'apprendre ou d'enseigner l'art de médecine », « estiment avoir assez et beaucoup fait, si, après avoir lu et considéré l'anatomie du corps humain, ils s'emploient à l'instant dans la connaissance et la cure de toutes les maladies ». En somme, Fernel critique cette sorte d'illusion qui consiste à penser que tout le savoir est contenu dans le « manifeste », dans le visible, et qu'il suffit d'en faire diligente inspection pour connaître le tout de l'homme.

Chapitre 2
Le corps du lycanthrope

Faut-il consacrer une étude au loup-garou, ou, pour le désigner par son nom savant, au lycanthrope, alors qu'il reste un personnage rare ? Que penser du rapport que peut avoir avec son corps un être qui se définit par son aptitude au changement ? Du reste, parle-t-on bien à propos quand on dit qu'il se change, ou qu'il se transforme ? Certains auteurs du XVIe siècle, conscients de cette difficulté, préfèrent dire qu'il *se met en loup*, même si cette curieuse expression suggère que c'est quand le loup-garou se dispose à agir en loup-garou qu'il revêt le costume convenant à cet exercice, l'uniforme de son état, invitant par là à penser que le corps et le vêtement entretiennent sans doute des rapports singuliers.

En tout cas, on ne peut qu'être frappé par l'abondance de la littérature relative au loup-garou, au tournant du XVIe et du XVIIe siècle. Certains auteurs ont cherché à l'expliquer par des raisons objectives, et cela dès le temps même du phénomène, tant son importance surprend. Il est utile de s'y arrêter un instant.

Des historiens de notre temps ont souligné la concomitance des affaires de lycanthropie et des attaques de loups[1]. Elle frappait déjà les contemporains, même si, eux, ne suggéraient pas exactement que les secondes pouvaient être à l'origine des premières. L'Angevin Beauvoys de Chauvincourt, auteur du *Discours de la lycanthropie ou la transmutation des hommes en loups* (1599), qui s'afflige des fléaux dont « Dieu nous a visité en nostre pauvre France, et specialement en ce païs d'Anjou, depuis dix ans en çà », encourage le « peuple miserable » à prier Dieu et lui assure qu'ainsi il se verra « delivré de l'incursion sanguinaire de ces loups affamément enragez, qui de jour en jour te livrant mille assauts, te cerchent, pour d'une dent have te devorer ». Il se demande « si ce sont loups vrais et naturels » et non pas plutôt, « suivant le dire du vulgaire, hommes tellement desnaturez, qui abastardis de leur premiere origine, quittant ceste forme divine, se changent et transforment en une si immonde, cruelle, et sauvage beste ». Quant à Claude Prieur, auteur du *Dialogue de la lycanthropie ou transformation d'hommes en loups* (1596), il se rappelle avec une sorte de tremblement le temps de ses études dans la région de Rodez :

> Environ dix heures du soir estudiant en nostre chambrette, entendis un bruit et hurlement de tel accord, que jamais n'avois ouy le semblable. Dequoy cupide sçavoir que pouvoit estre, apres avoir parachevé mon discours, m'en vois promptement enquerir de ceste nouvelle et inaudite harmonie à la sentinelle du couvent, laquelle trouvay encore toute effroyée de peur, me disant qu'il n'avoit veu oncques telle compagnie, ny de loups si enragez, le nombre estoit dix-huict ou vingt, comme il avoit peu remarquer au cler de lune[2].

1. Voir Philippe Nieto, « Les loups-garous devant la justice (XVIe-XVIIe s.) », *Éd. du CTHS*, 2019, § 45 et 46.

2. Claude Prieur, *Dialogue de la lycanthropie ou transformation d'hommes en loups*, Louvain, Iehan Maes et Philippe Zangre, 1596, p. 32b.

Et Claude Prieur ne tarde guère à avancer et à discuter l'hypothèse de loups-garous[3].

Ces hommes du XVIe siècle, d'autre part, étaient déjà frappés par la multiplicité des écrits sur les loups-garous, « desquels, écrit Pierre de Lancre, on a plus parlé en nostre siecle qu'auparavant, et dont plusieurs exemples sont remarquez par Torquemada, Thomas de Brabant, Binsfeldius et Fincelius[4] ». Et ils étaient déjà portés à estimer que ce n'était que le reflet du nombre des affaires de lycanthropie. Certains de nos contemporains, peu regardants, sont allés jusqu'à estimer leur nombre à quelque trente mille en Europe ou même seulement en France ; et il n'est pas sûr qu'ils veuillent entendre les réserves formulées par de plus prudents historiens[5]. Mais, dès les XVIe et XVIIe siècles, on s'efforçait de soutenir que cette multiplicité d'écrits sur la lycanthropie avait pour pendant, comme dit Pierre de Lancre, le nombre des

> condamnations qui s'en sont ensuivies à Constance du temps de l'Empereur Sigismond, à Besançon l'an 1521. à Orleans l'an 1583. au Parlement de Rennes l'an 1598. En celuy de Grenoble cette année 1603. Et longtemps avant à Poligni au Conté de Bourgogne : la procedure et condamnation se lit dans un tableau mis au dedans l'Eglise des Jacobins dudict lieu. Et depuis au mesme Conté de Bourgogne, Lorraine et Allemagne, en autres endroits, remarquez par les livres des Juges mesmes qui ont faict les procedures[6].

Cette liste fait illusion : au prix d'à-peu-près et de redites, elle fait accroire que le nombre des procédures fut considérable. Le premier

3. Claude Prieur, *ibid.*, p. 34a.

4. Pierre de Lancre, *Tableau de l'inconstance des mauvais anges et demons*, Paris, Nicolas Buon, 1612, p. 288.

5. Voir *Werewolf Histories*, Palsgrave Macmillan, 2015, Willem de Blécourt, qui décortique avec une utile lucidité ces « mythic numbers », p. 4.

6. Pierre de Lancre, ouvr. cité, lieu cité.

cas se contente de redire Bodin, qui, dans sa fameuse *Demonomanie des sorciers* (1580), rapporte qu'« Ulrich le Meusnier [Ulrich Molitor] en un petit livre, qu'il a dedié à l'Empereur Sigismond, escript la dispute qui fut faicte devant l'Empereur et dit qu'il fut conclu par vives raisons, et par l'experience d'infinis exemples, que telle transformation estoit veritable, et dict luy mesme avoir veu un Lycanthrope à Constance, qui fut accusé, conveincu, condamné, et puis executé à mort apres sa confession[7] ». Pour ce qui est de la condamnation qui survint « à Besançon l'an 1521 », elle regarde Pierre Burgot et Michel Verdung, les loups-garous de Poligny, qui furent jugés à Besançon en Franche-Comté de Bourgogne ; c'est donc la même affaire que celle qui eut lieu, assure plus loin Pierre de Lancre, « longtemps avant à Poligni au Conté de Bourgogne ». Quant à la condamnation prononcée « à Orléans l'an 1583 », c'est un écho très déformé de l'affaire de Gilles Garnier. Elle fut notoirement célèbre : comme dit Pierre Le Loyer, « Le procés faict à l'Hermite de Dol a tant couru par tous les cantons de la France, Allemagne, et Flandre, que ce seroit presque peine perdue d'en dire quelque chose[8] ». L'arrêt du parlement de Dôle qui le condamna est du 18 janvier 1574 ; mais, après d'autres, le pourtant scrupuleux Pierre Bayle, qui consacre un article à son rédacteur, Daniel d'Auge, le date du 18 janvier 1583, l'usage des chiffres romains, MDLXXIIII, ayant probablement conduit à lire par erreur : MDLXXXIII. Or, on sait par Bodin et par d'autres que cet arrêt, qui fit grande impression, fut publié « à Orleans par Eloy Gibier, et à Paris chez Pierre des Hayes, et à Sens ». Il n'en faut pas plus pour soutenir que Gilles Garnier fut condamné à Orléans en

7. Jean Bodin, *De la demonomanie des sorciers*, Paris, Jacques du Puys, 1580, p. 97b.

8. Pierre Le Loyer, *Discours, et Histoires des spectres, visions et apparitions des esprits*, Paris, Nicolas Buon, 1605, p. 141.

1583. Qu'en est-il maintenant de l'affaire jugée « au Parlement de Rennes l'an 1598 » ? Ce pourrait bien être l'affaire de Jacques Rollet jugée à Angers en 1598 ; Beauvoys de Chauvincourt mentionne ce « Jacques Raollet de la Paroisse de Maumusson, Diocese Nantois, prisonnier auparavant ce jour à Angers, lequel a confessé avoir devoré plusieurs, tant hommes, femmes, que petits enfans[9] ». Pierre de Lancre lui-même, peut-être désormais mieux informé, relate, dans *L'incredulité et mescreance du sortilege plainement convaincue* (1622), l'« Arrest et Procedure du Lieutenant Criminel d'Angers, contre Jacques Roulet Lycanthrope et Andropophage, du mois de Novembre, mil cinq cens quatre vingt dix-huict[10] ». Enfin l'affaire jugée au parlement de Grenoble « cette année 1603 », qu'allègue Pierre de Lancre semble bien regarder le cas du jeune Jean Grenier, que, dans le *Tableau de l'inconstance*, Pierre de Lancre narre en détail[11], mais elle fit l'objet, précise-t-il, de l'« Arrest du Loup-garou prononcé en robe rouge au Parlement de Bourdeaux le 6 Sept. 1603[12] » : une autre erreur, un autre lapsus ? En tout cas, Jean Grenier est une figure qui impressionne. Comme le fait observer notre auteur,

> voicy un enfant aagé de treze à quatorze ans, qui dementant la nature, confesse s'estre revestu d'une peau de loup, transformé en loup, avoir marché à quatre pates comme un loup, couru les champs acharné comme un loup, faict les ravages et cruautez d'un loup, estranglé chiens, couppé la gorge aux enfans et en avoir mangé.

9. Beauvoys de Chauvincourt, *Discours de la lycanthropie ou la transmutation des hommes en loups,* Paris, Jacques Rezé, 1599, p. 18.

10. Pierre de Lancre, *L'incredulité et mescreance du sortilege plainement convaincue*, Paris, Nicolas Buon, 1622, p. 785 et suiv.

11. Pierre de Lancre, *Tableau de l'inconstance des mauvais anges et demons*, 1612, p. 257 et suiv.

12. Lancre, *ibid.*, p. 264.

L'étrangeté de ces affaires s'accompagne d'un sentiment de lourde surabondance, d'énorme démesure, non seulement du nombre des victimes, qui ne se comptent plus, mais aussi des présumés criminels. Pourtant, à y regarder de plus près, on comptabilise moins de dix affaires[13]. Comment comprendre qu'elles aient inspiré une si abondante littérature ?

Il semble bien que ce soit le rapport de l'homme à son corps que ces affaires interrogent. Un homme peut-il habiter un autre corps que le sien ou subsister dans un corps métamorphosé ? La science naturelle du XVIe siècle n'est pas pauvre en cas de transmutation. Pierre de Lancre rappelle les plus communs :

> Les feuilles de quelques arbres, et certains fruicts qui se pourrissent dans la mer, ou dans certains fleuves, ou bien des ais pourris d'un navire qui a faict naufrage, engendrent des canards et autres oiseaux[14]. Les cheveux d'une femme ensevelis dans un fumier, une verge ou une baguette pourrie se convertissent ou transforment en serpent. [...]. Et plusieurs plantes et herbes par la transmutation font voir plusieurs serpens et engendrent plusieurs sortes de vers[15].

13. Ajoutons-y le lycanthrope de Pavie : « Il y eut aussi à Pavie, l'an mil cinq cens quarante et un, un villageois lequel pensoit estre Loup, et lequel assaillit plusieurs hommes par les champs et en tua quelques uns. » Histoire racontée par Hiob Fincel et reprise par Jean Wier, *Cinq livres de l'imposture et tromperie des diables*, trad. J. Grevin, Paris, Jacques du Puys, 1567, p. 279a.

14. C'est, comme on sait, l'origine de la légende des bernaches ou oies cravants. Voir Pierre Belon, *L'Histoire de la nature des oyseaux*, Paris, 1555, p. 158 : « Il est jà venu une commune nouvelle de certains oyseaux nommez Cravants, que le vulgaire estime estre néz de pourriture des mats de navire » ; J. Jonston, *Thaumatographia naturalis*, Amsterdam, 1633, p. 282 : « Quidam ex putrescentibus lignis, quidam ex pomis, quidam ex fructu foliis conglomeratis simili, qui cum opportuno tempore decidit in subiectam aquam, reuiuiscit, conuertiturque in avem vivam, oriri existimant. »

15. Pierre de Lancre, ouvr. cité, p. 241.

La transmutation, illustrée notamment par celle des animaux dits imparfaits dont les naturalistes traitent abondamment, est au cœur du savoir de ce temps. Faut-il par conséquent, continue Pierre de Lancre, croire, par exemple, les sorcières qui prétendent que, quand elles reviennent « de leurs maudites assemblees, elles se transforment en chat, en chien et en autres bestes semblables, pour effrayer ceux qu'elles trouvent par les chemins[16] » ? Notre auteur s'y refuse nettement :

> Neantmoins la verité est que la transmutation de l'homme en autre animal, ou d'un animal en quelque autre de differente espece, ne se peut faire essentiellement et reellement par le malin Esprit, ny par quelque autre puissance naturelle quelle que ce soit[17].

Deux précisions : Lancre excepte les cas bibliques de Nabuchodonosor, ou de la femme de Loth, ou d'Aaron et des sorciers du Pharaon, cas merveilleux, miraculeux qui ne sauraient dicter la règle présidant aux événements d'ici-bas, n'en déplaise à Bodin ; d'autre part, Satan est assimilé à un agent naturel, étant entendu que, puisqu'il est une créature, il n'a que les pouvoirs assignés aux créatures.

Lancre formule fortement le fondement théologico-philosophique de sa thèse :

> Quand le grand Dieu crea le monde, il ordonna que le terre, l'air et l'eau produisissent toutes choses avec tel ordre, que toute creature fut distincte en son espece, et que toute ame vivante imprimast son corps avec sa propre forme, selon la vertu ou faculté qui particulierement et distinctement luy fut donnee de sa divine majesté[18].

16. *Ibid.*, p. 242.
17. *Ibid.*, p. 243.
18. *Ibid.*, p. 243-244.

Et, sans craindre d'employer un langage technique, Lancre reprend à son compte la définition aristotélico-thomiste de l'âme :

> Le Philosophe definit l'ame, et dict que c'est quelque chose du corps naturel organizé de maniere qu'il soit capable de recevoir la forme d'icelle, comme un seau ou un cachet, qui ne peut graver dans la cire autre forme que le sienne propre et particuliere, si bien que si le cachet a un lion imprimé, il ne gravera jamais un aigle[19].

Au reste, si l'âme pouvait quitter un temps son corps pour en vêtir un autre, jamais elle ne le retrouverait. À Pierre de Lancre qui le soutient vigoureusement, fait écho Jean de Nynauld en termes fort nets :

> Si ainsi estoit que la forme du corps humain perit, l'ame se separeroit du corps, et s'en iroit au lieu que Dieu a ordonné, et ne retourneroit plus. Or l'ame ne se peut separer du corps que premierement il ne soit privé de toutes les trois facultez naturelles, assavoir Vitale, Animale, et Naturelle, car elles perissantes, la mort s'ensuit, et par consequent la separation de l'ame d'avec icelles, laquelle demeurant libre s'en retourne à sa source premiere, d'où elle retournera pour prendre corps, jusques à la resurrection des morts, comme tous vrays Chrestiens le croyent[20].

Et le juge de Saint-Claude, Henri Boguet, qui, tout en estimant la lycanthropie d'inspiration démoniaque, partage la thèse soutenue par Pierre de Lancre, objecte à ceux qui la récusent :

> Je demande encore quelle part Satan loge l'ame raisonnable depuis qu'elle est separee d'avec son corps : s'il la faict vagabonder par l'air, ou s'il la tient enserree en quelque lieu jusques à tant que le Lycanthrope soit retourné en homme[21].

19. *Ibid.*, p. 244.

20. Jean de Nynauld, *De la lycanthropie, transformation et extase des sorciers*, Paris, Jean Millot, 1615, p.11-12.

21. Boguet, *Discours execrable des Sorciers*, Rouen, Romain de Beauvais, 1606, p. 274.

Il ne faut pas faire argument des états de ravissement (*raptus*) ou extase où l'âme semble détachée de son corps. Nos auteurs ont appris de Thomas d'Aquin à distinguer l'extase et la séparation :

> Car en l'extase l'ame ne delaisse son corps, quoy qu'elle semble en estre absente, estant le corps privé des fonctions de l'ame sensitive, mouvante et intelligente. *Fit abstractio animae,* dict S. Thomas, *a sensibilibus potentiis, ne minuatur intentio animae circa intellectum*[22].

Quand l'âme s'abstrait des puissances des sens, c'est pour maintenir entière sa tension intellectuelle ; ce retrait n'est pas du tout une séparation.

Toutefois, ce sont là positions purement théoriques. Qu'elles soient confrontées à la réalité des individus, et elles révèlent leur inaptitude à embrasser le réel concret. Qui a vu un personnage soupçonné de lycanthropie n'a pu qu'être frappé par son apparence bestiale. Beauvoys de Chauvincourt se souvient vivement des descriptions qui lui furent faites de Jacques Rollet ou Raollet, le présumé loup-garou de Maumusson, contre qui il fut procédé à Angers en 1598 :

> J'ay ouy dire que quand il fut pris il avoit les cheveux pendant jusques sur les espaules, les ongles merveilleusement grands, voire de telle grandeur qu'il seroit quasi impossible de le croire ; si puant et infect que homme du monde ne pouvoit approcher de luy, couvert de graisse de deux doigts

22. Pierre de Lancre, ouvr. cité, p. 268-269. L'auteur accommode à son propos Thomas d'Aquin, *Summa theologica*, IIa IIæ, q. 175, art. 5 ad 3 ; « Ad tertium dicendum quod vires animae vegetabilis non operantur ex intentione animae, sicut vires sensitivae, sed per modum naturae. Et ideo non requiritur ad raptum abstractio ab eis, sicut a potentiis sensitivis, per quarum operationes minueretur intentio animae circa intellectivam cognitionem. » (Il faut corriger la note de la trad. dir. par Gerhild Scholz Williams, *On the Inconstancy of Witches: Pierre's De Lancre's Tableau [...]*, ACMRS et Brepols, 2006, p. 280, n. 77.)

> d'espais par tout le corps, la veue fort esgaree, les sourcils refrongnez, et les yeux enfoncez en la teste, qui sont indices et pertinentes conjectures, outre ses confessions, qu'ayant longtemps mené ceste vie miserable, il sembloit avoir desja despouillé toute ceste humanité, et ne sentoit, ny ne representoit plus rien de l'homme, que les seuls lineaments du corps, estant abastardi et assugecti par son maistre Satan à la brutalité[23].

C'est l'examen de telles apparences qui lui fait se demander (c'est pour lui la question principale) « s'il est possible en Nature qu'une chose se puisse transmuer en une autre, et specialement si l'homme abandonnant ceste belle representation humaine peut deschoir tellement de son humanité, qu'icelle despouillee, il se reveste de la forme des brutes irraisonnables[24] ». Mais comment tenir un discours juste sur un personnage qui garde les « lineaments du corps » humain, mais s'est, si l'on peut dire, bestialisé ?

Beauvoys de Chauvincourt s'y essaie, mais soutient qu'il ne s'opère pas alors une vraie transmutation. Il rappelle que les Anciens savaient « qu'un estrange changement survenoit en la Symmetrie de l'ame au corps, apres la depravation des mœurs d'icelle, et qu'ayant abandonné la partie raisonnable qui luy avoit esté donnee, elle deschoit de sa dignité[25] ». Mais ils savaient aussi que ce n'est pas là transmutation. L'auteur rappelle un texte parfois cité, un passage des *Regles et preceptes de santé* de Plutarque, alléguant Théophraste :

> Lors qu'elle [= l'âme] desvoye, elle fait bien payer, comme dit Theophraste, son louage au corps, luy faisant subir à toutes heures cent mille changemens[26].

23. Beauvoys de Chauvincourt, ouvr. cité, p. 18-19.
24. Beauvoys de Chauvincourt, *ibid.*, p. 7.
25. Beauvoys de Chauvincourt, *ibid.*, p. 7-8.
26. Amyot, *Les Œuvres morales*, Paris, Vascosan, 1572, p. 301, traduit ainsi ce passage : « Et ne sçay si Theophrastus disoit bien vray, quand il affermoit par une maniere de translation, que l'ame payoit bien le louage de sa demeurance au corps : car

Le rapport de l'âme au corps est ici celui d'un hôte à son logeur. Ce n'est pas la métaphore la plus usitée. La plus commune, et de loin, est celle du vêtement. Métaphore beaucoup plus souple, mais qui suscite de difficiles questionnements.

Tel lycanthrope vous dit que, pour se mettre en loup, il use d'une peau de loup que lui donne le diable ou qu'il tient en réserve :

> Ce que gros Jacques Bocquet, Françoise Secretain, Clauda Janguillaume, Clauda Jamprost, Thievenne Paget, Pierre Gandillon, et George Gandillon ont confessé, sert de beaucoup à nostre propos, d'autant qu'ils ont dit que pour se mettre en loup ils se frottoyent premierement d'une gresse, et puis Satan leur affubloit une peau de loup, qui les couvroit par tout le corps[27].

Jean Grenier, au rapport des témoins interrogés lors de l'information, disait « fort souvent qu'il devenoit loup quand il vouloit », qu'il revêtait alors « une peau de loup fort rougeastre » et que, « quand il avoit sa peau de loup vestue, il se transformoit en loup, et en telle autre beste qu'il vouloit[28] ».

Dans d'autres cas, il semble que le lycanthrope cache en lui les marques de son véritable état et les mette au jour quand il l'exerce. Pierre de Lancre s'étonne des variations de Pline, mais retient de lui cette thèse d'un état de loup dissimulé puis soudain révélé : « Pline qui a accoustumé d'en conter plus que nul autre » nie la lycanthropie tout en avouant « que ce mot de *Versipellis* est venu de là, comme qui diroit Tourne-peau »[29]. Jean Wier s'arrête aux

le corps reçoit plus de mal de l'ame qui n'use pas de luy selon raison, et ne le traitte pas ainsi comme il appartient : pour ce que quand elle a ses propres et peculieres passions, et quelques entreprises ou affections, elle abuse de luy, sans en rien espargner. »

27. Henry Boguet, ouvr. cité, p. 286.

28. Pierre de Lancre, *Tableau de l'inconstance*, ouvr. cité, p. 257-258.

29. Lancre, *ibid.*, p. 265.

aveux du lycanthrope de Pavie signalé par Fincel : « En la parfin estant pris non sans grande difficulté, il asseura fermement qu'il estoit Loup, et qu'il n'y avoit autre difference, sinon qu'il avoit la peau retournée, et que son poil estoit par dedans[30]. »

Il n'empêche que les déclarations des inculpés entretiennent les doutes au lieu de les dissiper. Jean Wier rapporte les confessions des deux loups-garous de Poligny : « Michel se transformoit en loup estant vestu, et Pierre estant nud : lequel Pierre a dit qu'il ne savoit que devenoit son poil, lors qu'il desistoit [= cessait] d'estre Loup[31]. »

Au rapport des loups-garous interrogés, leur humanité et, si l'on peut dire, leur lupinité sont inextricablement imbriquées, le corps du loup-garou en exercice étant comme en sympathie avec le corps de l'être humain qu'il a investi, qu'il a revêtu. On en jugera par ce récit de Boguet :

> Il sera bien à propos d'adjouster icy ce qui est advenu en l'an 1588 en un village distant environ deux lieues d'Apchon és hautes montagnes d'Auvergne. Un Gentil-homme estant sur le vespre és fenestres de son chasteau voit passer un chasseur de sa cognoissance, il le prie de luy apporter à son retour de sa chasse. Le chasseur poursuyvant son chemin le long d'une plaine fut attaqué par un gros loup, contre lequel il deslacha un coup d'arquebuze sans le blesser, ce qui l'occasionna de joindre le loup qu'il saisit par les oreilles, mais en fin estant las il se depestra du loup, et se reculant mit la main à un grand coutelas de chasse qu'il portoit, duquel il frappa le loup, et luy abbatit l'une des pattes qu'il reserra dans sa pouchette apres que loup eut pris la fuite, et puis se vint rendre au chasteau du gentil-homme à la veue duquel il avoit combatu le loup : Le gentil-homme le prie de luy faire part de sa chasse. Ce que le chasseur voulant faire et pensant tirer la patte de sa pouchette, il tire une main qui portoit à l'un des doigts une bague d'or, que le gentil-homme

30. Jean Wier, *Histoires, disputes et discours, des illusions et impostures des diables*, Jaques Chouet, 1579, IV, 23, p. 436.

31. Jean Wier, *ibid.*, VI, 13, p. 658.

> recogneut estre à sa femme. Ce qui le fit quelquement mal soupçonner d'elle, et estant entré en la cuisine il trouve sa femme qui se chauffoit ayant son bras sous son devancier [= tablier], lequel il tira, et recogneust qu'elle avoit la main couppee. Surquoy le gentil-homme la prent par rigueur, mais ausssi tost, et mesme apres que sa dextre main luy eut esté confrontee, elle confessa que ce n'estoit autre qu'elle qui avoit en forme de loup attaqué le chasseur, et fut du depuis bruslee à Ryon[32].

En ce cas, c'est la péripétie de la main coupée qui avère le soupçon de lycanthropie. Il se peut aussi qu'une péripétie de même sorte en constitue la preuve. Beauvoys de Chauvincourt emprunte à Olaus Magnus, historien des pays septentrionaux, ce récit :

> Il en raconte un autre d'une Damoyselle du païs de Livonie, laquelle disputant avec l'un de ses serviteurs, sçavoir s'il estoit possible que l'homme se peust transformer en forme de loup, et d'autant qu'elle le revocquoit en doubte, ce serviteur pour luy en faire plus ample preuve luy demanda permission de se faire loup : ce que luy estant par elle octroyé, il se retira en une chambre secrette de la maison, de laquelle peu apres il sortit en forme de loup, apres lequel une meute de chiens s'eslançea, et le poursuvant jusques au bois prochain, luy arracherent un œil : et le lendemain ayant repris sa figure humaine s'en retourna privé d'un œil en la maison[33].

On a vu çà et là se profiler l'ombre du diable. Il ne saurait être étranger à la lycanthropie, étant le grand maître des métamorphoses. L'expression utilisée pour décrire le changement d'un homme en loup-garou, *se mettre en*, convient aussi au diable. Boguet l'emploie abondamment : les démons fréquentent les assemblées de sorciers, et « les uns se mettent en hommes pour les femmes, et les autres en femmes, pour les hommes[34] » ; « Françoise Secretain a confessé

32. Boguet, ouvr. cité, p. 266-268.
33. Beauvoys de Chauvincourt, ouvr. cité, p. 16.
34. Boguet, ouvr. cité, p. 55-56.

que son Demon se mettoit tantost en chien, tantost en chat, et tantost en poule quand il la vouloit cognoistre charnellement[35]. » Mais les relations d'affaires de lycanthropie donnent à penser que la lycanthropie n'est pas essentiellement de nature diabolique[36] ; le diable peut y aider, y concourir, s'en mêler, mais le plus souvent il ne semble pas en avoir l'initiative et la maîtrise. L'autre qui hante le lycanthrope est moins le diable que le lycanthrope lui-même, au seuil de l'univers obscur de son corps.

Ce n'est pas à dire, malgré des analyses trop répandues, que l'étude historique de la lycanthropie conduise du mythe à la pathologie psychiatrique. Les textes ne vérifient guère ce processus de démythification et de médicalisation. Ceux qui adhèrent à une telle thèse n'ignorent pourtant pas que l'*insania lupina* était déjà reconnue par certains médecins de l'Antiquité. Jean Wier, souvent crédité de cette conversion de la pensée, ne manque pas de les citer. Pierre de Lancre, qui fait une grande place à l'imagination et décrit « la depravation d'icelle et ses erreurs » causées par les « vapeurs crasses et fuligineuses que l'humeur melancholique excite », en donne comme espèces

> la cynanthropie et lycanthropie, l'homme se croyant transformé en chien ou en loup, que Marcellus[37] appelle *Insaniam lupinam* : et Oribasus Sardianus Medecin de l'Empereur Julien la descrit au long, avec les remedes pour la guerir[38].

35. Boguet, *ibid.*, p. 59.

36. Pierre de Lancre, *Tableau de l'inconstance*, ouvr. cité, IV, 4, p. 313, note que « les Lycanthropes se vantent d'estre deputez pour chasser les Sorciers », et s'en étonne, p. 314 : « Et voyla un Lycanthrope ennemy des Sorciers, qui semble estre chose bien estrange, attendu qu'on les tient eux mesme pour les plus grands Sorciers. »

37. Marcellus Sidetes (IIe s. après J.-C.), fgt conservé par Aetius, *Tetrabibl.* II, sermo II, 11, éd. Cornarius, Lyon, Fr. Beringer, 1549, p. 307.

38. Pierre de Lancre, ouvr. cité, IV, Disc. 3, p. 283.

Et il dépeint ces malades en des termes qui conviendraient à des loups-garous fieffés :

> Ceux qui en sont travaillez ont des affections et appetits semblables aux loups, de se jetter sur les troupeaux, voire sur les hommes et les devorer. Ils sortent de nuict, habitent dans les spelonques, et sepulchres, heurlent comme loups, ont une perpétuelle alteration, la langue seche, les yeux secs et enfoncez, les jambes blessées, à cause des ordinaires rencontres qu'ils font de nuict, et y souffrent telles violentes passions principalement au mois de Febvrier, auquel temps les Romains celebroient leurs Lupercales[39].

Ayant, pour ainsi dire, réactivé la possibilité d'une maladie, nos auteurs semblent plus attentifs à saisir dans son détail une réalité qui désormais leur apparaît à la fois plus complexe et moins saisissable. Le cas de Jacques Raollet, que rapporte Beauvoys de Chauvincourt, est typique :

> Les Juges d'Amiens sur ces confessions l'ont condamné à mort, sans avoir esgard à l'industrie diabolique de laquelle son maistre Sathan l'avoit instruict, sçavoir, de contrefaire le fol : et voyant qu'il ne pouvoit nier ce qui estoit par luy confessé, embrassant une folie simulée pour voye de son salut, advoua avoir mangé des charrettes ferrees, des moulins à vent, des Advocats, Procureurs et Sergents, viande que toute fois pour leur trop grande dureté, et pour n'estre bien assaisonnee il n'avoit peu digerer : de laquelle sentence ayant appellé, fut conduict en son appel en la Court de Parlement de Paris. Or Messieurs de la Court de Parlement qui ordinairement de leur clemence et douceur ont accoustumé vaincre la rigueur des Juges, ayans plus esgard à l'equité, que à la rigueur de la loy, moderant le jugement d'Amiens, l'ont seulement relegué pour deux ans aux petites maisons, ou Hospital de Sainct Germain[40].

39. Pierre de Lancre, *ibid.*
40. Beauvoys de Chauvincourt, ouvr. cité, p. 19.

Qui parle ? Est-ce bien le rustre Jacques Raollet ? N'est-ce pas plutôt son historien, qui, estimant voir clair dans le jeu de l'accusé et se refusant à être dupe de ses rodomontades, s'amuse à grossir le trait et reprend des expressions toutes faites ? « On dit d'un fanfaron que c'est un avaleur de charrettes ferrées », note Jean-François Feraud dans son *Dictionnaire critique de la langue française* ; et être « avaleur de moulins à vent » est, au moins depuis *Le Disciple de Pantagruel*, la spécialité du géant Bringuenarilles. Folie simulée, à l'instigation de Satan, qui a valu à notre homme la clémence des juges d'appel. Ils le tiennent pour un malade, mais, estime Beauvoys, cette folie feinte est une ruse de Satan. Et la clémence des juges d'appel n'est pas aveuglement : « Si suyvant l'observation journelle que l'on fera de ses actions l'on s'apperçoit tant soit peu de sa meschanceté, il n'est eschappé et traine seulement son collier, et l'aura on bientost reserré[41]. »

Pourtant les magistrats restent, si l'on peut dire, sur leur faim. Ce que ne montre pas le résumé de Beauvoys de Chauvincourt transparaît dans les auditions dont Pierre de Lancre transcrit, à la lettre, semble-t-il, la relation. Est particulièrement parlante l'« Audition faicte par devant Pierre Airaut Conseiller du Roy, et Lieutenant General Criminel au siege d'Angers, et René Bautru Lieutenant particulier Assesseur audict Siege le 8. d'Aoust 1598[42] ». Les magistrats pressent de questions Jacques Roulet pour pouvoir se représenter la réalité de la lycanthropie, en quête d'une cohérence qui s'obstine à leur échapper, comme ils se résignent à l'indiquer. Jacques Roulet reconnaît s'enduire d'un onguent : « Enquis si en estant frotté, il devenoit loup, dict que non, et *néantmoins* a

41. Beauvoys de Chauvincourt, *ibid.*, p. 20.

42. Pierre de Lancre, *L'incredulité et mescreance du sortilege plainement convaincue*, Paris, Nicolas Buon, 1622, p. 789.

confessé qu'il a tué et mangé ledict enfant de Cornier, et qu'il estoit loup quand il le mangea. » Les magistrats cherchent à savoir en quel sens il s'était mis en loup : « Enquis si quand il fut prins, il estoit habillé en loup, et s'il estoit loup, dict qu'il estoit loup, et *depuis* a dict qu'il estoit habillé comme il est, quand il fut prins prisonnier ». Interrogé sur l'étendue de sa transformation physique, Jacques Roulet n'est pas plus cohérent :

> Enquis si les mains et les pieds luy vindrent pates de loup, dict qu'ouy. Enquis si la teste luy vint en teste de loup, ou bouche plus grande : Dict qu'il ne sçait comment il avoit la teste quand il mangea ledict enfant, et qu'il l'attaqua avec les dents : Dict qu'il avoit la teste comme il l'a à present : qu'il y avoit plusieurs autres enfans mangez et blessez.

Puisqu'il est quasi impossible d'amener le loup-garou à une connaissance maîtrisée de son corps, il faut, si l'on veut remédier à son état, agir sur son corps, et le moyen le plus expédient d'avoir prise sur ce monde confiné est de contrôler ce qui y est introduit : la nourriture. Plusieurs auteurs y insistent. Boguet dit avoir remarqué que les « Demoniacles », au nombre desquels il range les lycanthropes, « confessent que le mal les prend en mangeant quelque chose »,

> si bien qu'il est à presumer qu'il y a de la gourmandise de leur costé, qui est un peché detestable devant Dieu, qui ne veut point que nous abusions des biens qu'il luy plaist de nous communiquer, et qu'au lieu de le benir et louer des graces qu'il nous faict, nous prenions les viandes qu'il nous envoye, indiscrettement et sans nous souvenir de luy, et l'en remercier[43].

Il faut bénir nos « viandes » du « signe venerable de la Croix », nous souvenant, histoire topique souvent mentionnée, que

43. Boguet, ouvr. cité, p. 21-22.

> S. Gregoire escrit qu'une religieuse avallant une laictue engloutit le Diable avec la laictue, pour n'avoir pas fait le signe de la Croix[44].

Les allées du corps sont peu défendues et faciles à forcer : une modeste laitue peut livrer à l'ennemi le vaste et profond monde intérieur. Beauvoys de Chauvincourt, quant à lui, se souvient d'un récit de Cardan : le père de celui-ci obtint de la justice qu'on lui confiât pour une durée de vingt jours un certain Bernard convaincu comme sorcier et obstiné dans ses opinions :

> Parquoy l'ayant retiré de prison luy feist changer sa coustume et façon ordinaire de vivre, luy administrant et donnant à manger quatre œufs frais tous les matins et autant le soir, du meilleur vin et plus agreable à boire qu'il pouvoit trouver, et quelques autres bonnes viandes et delicates : pendant lequel temps, ayant changé de nourriture il changea pareillement d'opinion[45].

De la même manière, Beauvoys de Chauvincourt estime que la clémence dont les magistrats de la Court de Parlement de Paris ont fait preuve envers Jacques Raollet peut venir de ce « qu'ils ont eu esgard à la mauvaise habitude et nourriture de ce pauvre Raollet auparavant ce jour ».

> D'autant que c'est une chose certaine et assez averee entre les medecins que de la digestion des bonnes viandes provient le bon sang, et qu'au contraire l'aliment pris des viandes grossieres et corrompues engendre un sang grossier et qui pour son impureté rend un esprit vital pareillement impur et atrabilaire, qui est cause que bien souvent le cerveau en est offencé et la partie fantastique et imaginative troublee[46].

44. S. Grégoire, *Dialogues*, I, 3. Histoire déjà mentionnée par Nider, *Les Sorciers et leurs tromperies*, éd. J. Céard *et al.*, Grenoble, Éd. Jérôme Millon, 2005, p. 203.

45. Beauvoys de Chauvincourt, ouvr. cité, p. 20-21.

46. *Ibid.*, p. 21.

Il est réconfortant de penser que, si une laitue peut avoir de désastreux effets, un verre de bon vin et quatre œufs frais intelligemment administrés sont capables de remédier au mal. Il n'empêche, comme on l'a vu, que le même Beauvoys de Chauvincourt n'écarte pas la thèse qui veut que le diable soit l'inspirateur des discours de l'accusé. Le prétendu mythe et la médicalisation déclarée peuvent coexister et faire bon ménage.

Chapitre 3
Corps ensorcelés

Être obsédé, possédé, ensorcelé : on sait combien la Renaissance a été, si l'on peut dire, obsédée de ces questions. On ne propose pas ici de rapporter une fois de plus les inventions du diable et les aventures de ses victimes. On voudrait plutôt se demander ce qu'éprouvent dans leur être physique les personnes qui ont, comme on dit si bien, le diable au corps. On ne se soucie pas ici de savoir si, dans ce sentiment d'être ou d'avoir été en butte à une incursion ou une invasion, il entre une part d'imaginaire. On cherche plutôt à saisir, à travers les relations des magistrats ou des directeurs de conscience, le souvenir que les ensorcelés gardent de l'événement où il leur a semblé être soudain atteints dans leur corps, durablement ou non, sans en pouvoir mais. La mémoire d'une irruption, le sentiment d'être plus ou moins manipulé, c'est ce que recueillent ceux qui rapportent de telles aventures.

Interrogeons pour commencer l'ancêtre, souvent méconnu, de la littérature démonologique. Le dominicain rhénan Jean Nider est l'auteur du *Formicarius*, ouvrage rédigé à la fin de sa vie, sans doute en 1436-1438, et de loin le plus diffusé de ses très nombreux écrits. Cette œuvre d'édification abonde en récits de faits le plus souvent attestés par Nider lui-même, qui les a recueillis auprès des intéressés. En voici un exemple. Nider a connu à Colmar un peintre pâle comme un mort, demi-sourd et bégayant, qui lui relate ainsi son aventure :

> Après avoir dans ma jeunesse, me dit-il, festoyé vers le soir dans une taverne avec des camarades, à la nuit noire je me mis seul en route ceint de mon épée et je me dirigeai vers une autre ville (qu'il me nomma). Il me sembla, tandis que j'étais dans des vignes, que des êtres épouvantables venaient à ma rencontre, non pas tout à fait sur ma route, mais à proximité du chemin. Alors je quittai ma route, dégainai et, en direction du fantôme, avec la fatuité de la jeunesse et sous le coup de la chaleur du vin, je frappai à l'aveuglette. Je ne vis personne atteint par un coup, mais je sentis je ne sais quel souffle d'air me traverser ; dès que j'en fus atteint, je contractai les trois infirmités que vous voyez en moi[1].

« Non pas tout à fait sur ma route, mais à proximité du chemin », « non in ipso itinere, sed prope viam » : ce fantôme, qui ne se laisse pas voir, choisit aussi de ne se tenir qu'à proximité, présent mais distant, et même évanescent. Et, pour agir, il retient une victime qui, jeune et éméchée, est vulnérable : celle-ci n'est sauvée que par sa témérité, mais au prix de son intégrité physique.

Or, dit-elle seulement, « je sentis je ne sais quel souffle d'air me traverser », « aerem nescio quem me pertranseuntem sensi ». Boguet note de même que les sorciers qui vont au sabbat le font « sans beste ny baston » :

> C'est le Demon seul qui est comme un vent lequel les porte, ni plus ni moins que l'on voit un tourbillon desraciner les arbres les plus hauts,

1. Jean Nider, *Les Sorciers et leurs tromperies*, texte établi et traduit par Jean Céard, I, 19, Éd. Jérôme Millon, 2005, p. 69.

> et les transporter deux et trois lieues loing de leur place [...]. Antide Colas disoit que lorsque le Diable le venoit prendre dans son lict pour le transporter au Sabbat, il estoit comme un vent froid, qui le prenoit par la teste[2].

Les notations concordantes ne manquent pas. Nider rapporte l'aventure de ce messager qui, lors du concile général de Constance, fut abordé par une très belle femme dont il refusa avec horreur les avances, et qui alors « s'évanouit soudain comme une fumée[3] ».

Si le diable ne se manifeste pas sous une apparence aussi fugitive, il peut prendre celle d'une simple mouche, mais qui multiplie ses dérisoires et encombrants assauts[4]. C'est encore Nider qui relate l'histoire de deux sœurs dont la cadette, moins pieuse, semble-t-il, que l'aînée, fut en butte à ses menées :

> Peu de temps après, sous l'apparence d'une grosse mouche le démon vint quelquefois se pendre aux oreilles de la cadette, parfois courir le long de son dos ; parfois encore il se posait sur sa tête. Et chaque fois qu'il voulait s'approcher d'elle, il signalait d'abord, à quelque distance, par un bruit, sa venue[5].

Qu'advient-il quand une parole impie ouvre au diable l'enceinte du corps ? Nider rapporte l'aventure d'une jeune fille de Cologne qui, en colère, commit cette imprudence dans la foi :

> Au temps où j'étais inscrit aux cours de théologie de l'université de Cologne, une jeune fille de quinze ou seize ans, qui était de mœurs assez réglées selon le siècle, était élevée, hors de la maison de ses père

2. Henry Boguet, *Discours execrable des sorciers*, Rouen, Romain de Beauvais, 1606, p. 84-85.

3. Nider, ouvr. cité, 9.23, p. 178 : « velut fumus protinus euanuit ».

4. Cette apparence du démon répond au vieux jeu de mots méprisant sur Baal Zebul (Baal le Prince) déformé en Baal Zebub (Prince des mouches), notre Belzébuth (voir II R, 1, 2, et Mt 10, 25).

5. Nider, *ibid.*, 2.07, p. 79.

> et mère, chez une de ses parentes. Elle avait cassé malencontreusement une coupe en terre assez ordinaire de sa cousine ; celle-ci était pleine de colère contre cette négligence et contre la jeune coupable, qui le supporta d'autant plus mal que le récipient était plutôt ordinaire. Donc, transportée de colère, la jeune fille, à l'heure du repas, ne voulut ni manger ni, dans sa colère, se présenter à table. Sa cousine lui dit : « Il faut que tu manges. » Mais la jeune fille, à part soi (comme elle me l'a ensuite rapporté, ainsi qu'à son exorciste), marmonnait des mots de ce genre : « Si je dois manger, que ce soit au nom du diable. » Elle accepta ainsi de venir à table, négligea de dire le *Benedicite* qu'elle savait très bien, et, au premier morceau, à ce qu'elle pensait, elle sentit qu'une mouche s'était glissée dans sa bouche ; ne pouvant la chasser par nul moyen, elle l'avala et aussitôt fut obsédée ; elle eut cependant toujours le bon usage de sa raison, bien qu'elle fût souvent fort tourmentée par le démon[6].

Ainsi une voie d'intrusion dans le corps tient à l'ingestion des aliments : le diable use de cette facile et fréquente occasion, profite de cette sorte de poterne pour se glisser dans la forteresse du corps. Il faudra, pour en débarrasser la jeune fille, un assez long exorcisme qui la laissera « presque tous les membres rudement meurtris de coups ». Le diable ne quitte pas l'enceinte du corps où il a pu s'introduire sans y imprimer les cruelles traces de son passage.

C'est à une imprudence de même sorte que le juge Pierre doit l'étrange accident dont il a été victime. Nider le présente comme un « juge laïque honnête et digne de foi[7] ». Or, raconte-t-il,

> à la tombée de la nuit, Pierre, se bénissant du signe de la croix, alla se coucher ; mais de nuit il décida soudain de se lever pour écrire quelques lettres indispensables afin de pouvoir s'en aller au matin. S'éveillant en pleine nuit, il lui sembla, contre son attente, que le jour était là : une lumière factice le trompait. Irrité contre lui-même parce qu'il croyait avoir laissé passer la nuit, sans se prémunir, comme il aurait dû, à la

6. Nider, *ibid.*, 11.20, p. 203-205.
7. Nider, *ibid.*, 3.10, p. 91.

> façon accoutumée[8], il mit ses vêtements, et, par le grand escalier, il descendit vers le lieu où il avait son écritoire, et le trouva fermé. Encore plus vivement irrité de cela, il remonta en maugréant par l'escalier qu'il avait descendu pour regagner son lit, ne prononçant dans sa colère qu'une malédiction, en termes très brefs, comme s'il disait : « Au nom du diable ». Et voici que tout à coup, plongé dans de profondes ténèbres, Pierre fut jeté la tête la première par les degrés de l'escalier susdit si brutalement que son valet, qui dormait dans la chambre sous l'escalier, se leva et sortit pour voir ce qui arrivait : la lumière allumée, il trouva Pierre gisant, seul, à terre et privé de l'usage de la raison, tous les membres meurtris et versant le sang en abondance[9].

Nider précise que le juge Pierre recouvra vite l'usage de la raison ; « mais, quant à la santé, c'est à peine si en trois semaines elle lui revint ». Le diable semble avoir une particulière emprise sur les corps.

Une histoire de cette sorte a eu un particulier retentissement au XVIe siècle : elle est due à un médecin notoirement connu et respecté, Jean Fernel, qui la relate dans le *De abditis rerum causis*. Dans la littérature démonologique comme dans les textes médicaux, elle est souvent mentionnée. Avant d'interroger ces témoins, laissons Fernel la raconter dans tout son détail :

> Un jeune homme de noble famille, il y a peu d'années, souffrait par intervalles de temps d'un tremblement et presque d'une convulsion qui lui agitait tantôt le seul bras gauche, tantôt le droit, tantôt aussi un seul doigt, parfois l'une des cuisses, parfois les deux, parfois tout le tronc, avec une telle rapidité que c'est à peine si quatre valets pouvaient le maintenir sur sa couche. Mais il gardait la tête intacte, la langue et la parole libres, l'esprit sain et tous les sens entiers, même au plus fort de la convulsion. Il était au moins dix fois par jour saisi par le mal ; dans les intervalles, il était en bonne santé, mais brisé par la souffrance endurée.

8. C'est-à-dire, en se signant.
9. Nider, ouvr. cité, 7.07, p. 147.

On aurait pu juger que c'était là une vraie épilepsie, s'il s'y était ajouté une lésion de l'esprit et des sens. Tous les plus habiles médecins qui furent appelés estimèrent que c'était une convulsion très proche d'une épilepsie due à une vapeur maligne et venimeuse attachée à l'épine dorsale, d'où cette vapeur s'épandait dans les nerfs qui se diffusent dans toutes les directions de l'épine dorsale aux membres, mais non au cerveau. [...] Pour supprimer ce qu'on croyait être la cause du mal, on ordonne de fréquents clystères, des purges de toute sorte et de grande force, on pose des ventouses, aux extrémités des nerfs de l'épine on emploie des fomentations, des frictions, des emplâtres, d'abord pour dissiper, ensuite pour fortifier et détruire la malignité venimeuse. Ces remèdes donnant peu de résultats, on provoque des suées par bains brûlants et par décoction d'ébène guaïacique, ce qui ne fut pas plus profitable. [...] C'est que nous étions tous très loin de connaître la vérité. Le troisième mois, pour la première fois, il fut découvert qu'un diable était l'auteur de tout le mal, lequel se manifestait par une voix et des mots inhabituels, et des paroles en latin et en grec, alors que le patient ignorait la langue grecque. Il découvrait bien des secrets des assistants et surtout des médecins, riant de les avoir circonvenus avec grand danger et de ce que par de vaines médications ils avaient presque étouffé le corps du patient. Chaque fois que son père venait le voir, celui-ci criait d'aussi loin qu'il le voyait : Écartez l'homme qui s'approche, empêchez-le d'entrer, ou enlevez-lui du cou le collier qu'il a ; à ce collier, en effet, selon l'usage des chevaliers français, était suspendue l'image de saint Michel. Si on lisait devant lui des textes sacrés, des paroles divines, il sautait et se hérissait plus brutalement. Quand cette brutalité connaissait une pause, le patient au repos se souvenait de tout ce qu'il disait avoir contre sa volonté proféré et se désolait. Forcé par les cérémonies et les exécrations, le démon disait n'avoir pas été condamné pour un crime et se donnait le nom d'esprit. Quand il lui fut demandé qui il était, et comment et par quel pouvoir il ourdissait ces actions, il dit qu'il y avait à l'intérieur de nombreux domiciles dans lesquels il se cachait et que, dans les temps de repos du patient, il allait en voir d'autres, qu'il avait été introduit dans ce corps par quelqu'un dont il refusait de divulguer le nom, qu'il y était entré par les pieds pour gagner le cerveau et qu'il en sortirait par les pieds quand viendrait le jour assigné. Il discourait de

> beaucoup d'autres choses, comme on a coutume d'en entendre parfois d'autres personnes prises dans les filets des démons[10].

Jean Wier est l'un des premiers à mentionner cette histoire, qu'il reproduit tout au long[11]. Il lui importe surtout de préciser que « Le Diable fait semblant de craindre l'image de saint Michel », comme le dit une note marginale. Dans le texte même, il conclut le récit par ces mots critiques : « Voilà ce qu'escrit Fernel, auquel je respons que le Diable feignoit craindre l'image de Sainct Michel, à celle fin de tromper plus evidemment les assistans. Car celuy-la ne craint aucune image » ; il a bien osé tenter en face Jésus, « vraye image de Dieu ». C'est peut-être par le médecin Jean Wier que le chirurgien Ambroise Paré connaît ce fameux exemple. Il le reproduit entièrement en 1573 dans son livre *Des monstres et prodiges*, au chapitre de « certaines maladies estranges[12] ». Il y voit, lui, une illustration de la difficulté de l'art médical, affronté aux frontières incertaines de la nature. C'est aussi sur les limites des « medecines et herbes » que met l'accent Le Loyer, qui résume le mémorable cas rapporté par Fernel, soulignant que « le plus souverain et esprouvé remede pour chasser l'ennemy » reste « le nom de Jesus Christ »[13].

Henri Estienne, quant à lui, dans son *Traité préparatif à l'Apologie pour Hérodote*, propose, en 1572, de l'histoire de Fernel, une traduction qui vaut commentaire, et précisément sur l'occupation des lieux dont le diable fait état. Quand il est amené

10. Jean Fernel, *De abditis rerum causis*, II, 16, Paris, Chr. Wechel, 1548, p. 222-223. Trad. J. Céard.

11. Jean Wier, *Cinq livres de l'imposture et tromperies des diables*, trad. Jaques Grévin, Paris, Iaques du Puys, 1567, p. 260a-261a.

12. Ambroise Paré, *Œuvres*, éd. E. Berriot-Salvadore, J. Céard et G. Pineau, Paris, Garnier, 2019, t. III, p. 2796-2797.

13. Pierre Le Loyer, *IIII livres des Spectres*, IV, 7, Angers, 1586, t. II, p. 309.

à dire comment il est entré dans le corps du jeune gentilhomme, il déclare : « a pedibus ingressum in regia, et a pedibus egressurum quum praestitutus dies aduentarit » On a plus haut traduit : « qu'il y était entré par les pieds pour gagner le cerveau et qu'il en sortirait par les pieds quand viendrait le jour assigné ». Mais cette traduction néglige l'emploi du mot de *regia* pour désigner le cerveau. Il est vrai que Fernel ne l'utilise que par habitude, d'autant qu'il est réservé sur la question des localisations, mais cette vieille représentation de la topographie du cerveau lui est familière : elle consiste à placer la raison au centre du palais royal (*regia*) que constitue le cerveau, l'imagination en étant le vestibule et la mémoire le cabinet. Un médecin allemand du XVIe siècle, Johann Pincier, qui a jugé bon de décrire en vers la fabrique du corps humain, tout en désignant, lui aussi, le cerveau comme « mentis quasi regia[14] », développe un peu autrement la métaphore ; il écrit, en effet :

> *Quocirca cerebrum est mentis quasi regia, servi*
> *Cui sensus astant, et herilia jussa capessunt,*
> *Quaeque foris discunt, mox regis in atria portant.*
>
> Le cerveau constitue le palais de l'esprit,
> Les sens sont ses servants, obéissant au maître
> Et pressés d'apporter à l'hôtel de leur roi
> Tout ce qui, du dehors, vient à leur connaissance.

Pour revenir au texte de Fernel et à la traduction d'Henri Estienne, on lit sous la plume de ce dernier que le diable assura « qu'il avoit esté jeté et intrus en ce corps par quelque certain homme, duquel il ne declareroit point le nom, qu'il estoit entré au palais royal en laquay et qu'il en sortiroit hors en laquay, quand le jour assigné et

14. Iohann Pincier (1556-1624), *Otium Marpurgense*, Herborn, 1614, p. 372.

ordonné seroit venu[15] ». Les pieds ne sont pas des organes nobles : si l'on assimile le corps humain à un palais, ils sont, pour notre diable, l'entrée de service par où la domesticité pénètre dans le logis royal. Voilà un diable assurément bien modeste.

Il est aussi très laborieux, affairé même, au service d'un maître qu'il n'a pas voulu nommer. Il a affirmé « qu'il y avait à l'intérieur de nombreux domiciles dans lesquels il se cachait et que, dans les temps de repos du patient, il allait en voir d'autres ». Ainsi c'est tout le corps qu'il a envahi, et il le représente comme une multiplicité de logis, de « domiciles et retraites », pour citer encore la traduction d'Estienne, dont il peut, s'il en a loisir, s'absenter.

Ainsi décrit, le corps humain recèle en lui tout un monde – un monde caché dont d'étranges récits font parfois découvrir les recoins insoupçonnés. Les démonologues prennent plaisir, un plaisir certes un peu dégoûté, à raconter d'inédites histoires qui en font entrevoir la complexité. Laissons encore Jean Wier en administrer les preuves. On verra que celui qu'on aime à présenter comme le défenseur déniaisé des sorcières injustement accusées croit néanmoins au diable et à sa puissance d'illusion.

Voici l'histoire d'Ulrich Nensesser[16], laboureur de Fiegenstall, en Bavière, rapportée par le célèbre médecin Johan Lange. L'homme se plaignait d'une douleur au flanc : on découvrit qu'il avait sous la peau un clou de fer ; un chirurgien l'en délivra, mais sans faire cesser la douleur. Las de ses souffrances, Ulrich se donna la mort. Avant de l'enterrer, deux praticiens

15. Henri Estienne, *Traité préparatif à l'Apologie pour Hérodote*, éd. B. Boudou, Genève, Droz, 2007, p. 1104.

16. Jean Wier, *Cinq livres de l'imposture et tromperies des diables*, III, 8, trad. Jaques Grévin, Paris, Jaques du Puys, 1567, p. 239b et suiv.

> luy ouvrirent l'estomach en la presence d'un chacun, dedans lequel ils trouverent du bois long et rond, quatre cousteaux d'acier, dont les uns estoyent aigus, et les autres dentelés en maniere d'une scie. Ils y trouverent encores deux ferremens chacun desquels surpassoit la longueur de neuf poucées. Il y avoit aussi un gros toupillon de cheveux.

Wier ne doute pas que le diable ne s'en soit mêlé, mais il s'interroge sur la façon dont il a procédé. Créature parmi les créatures, le diable ne peut « changer la nature des choses en poussant insensiblement et sans faire mal une matiere dure et aiguë, laquelle outrepasse la proportion des conduits par lesquels il faudroit qu'elle passast ». Il faut donc que le diable ait trompé la vue des assistants, chose d'autant plus vraisemblable que « le malade ou les assistans, ou possible tous les deux s'estoyent facilement persuadés qu'il y eust de la sorcellerie ». Ainsi disposés par leur prévention, les assistants ont été aisément abusés : « Quant est des choses lesquelles apres la mort furent trouvees dedans l'estomach ouvert, il n'y a point de doute qu'elles furent mises par le Diable pendant que l'on l'ouvroit. »

Voici encore l'exemple du valet Guillaume[17] tourmenté depuis quatorze ans par le diable. Un jour

> il sortit de la bouche de ce Guillaume entre autres barbouilleries toute la partie de devant des brayes d'un berger, des cailloux, dont les uns estoient entiers et les autres rompus, des petites plotes de fil, une perruque semblable à celle dont les filles ont accoustumé d'user, des esguilles, un morceau de la doubleure du saye d'un petit garçon, et une plume de paon.

À la ferraille d'Ulrich répond la friperie de Guillaume. Mais, en ce cas, c'est l'intéressé lui-même, une fois « guéri », qui dénonce la supercherie du diable. Soumis à un interrogatoire, il avoua « que

17. Jean Wier, *ibid.*, III, 6, p. 235b.

toutes ces matieres prodigieuses n'avoyent point esté dedans son corps, ains qu'elles avoyent esté poussees dedans son gavion [c'est-à-dire son gosier] par le Diable, cependant que l'on le regardoit vomir ».

N'ajoutons pas l'histoire de cette femme d'un conseiller « laquelle souventes-fois souloit rendre par bas du gravier[18] » ; ou celle de ce laboureur ami de Cardan[19] qui, ensorcelé, « avoit souventes-fois vomi du voirre, des cloux et des cheveux », et qui, « guéri », sentait encore pourtant « en son ventre une grande quantité de voirre rompu, lequel faisoit un bruit pareil à celuy qui se fait par plusieurs pieces de voirre rompu, enfermees en un sac ».

Wier s'attache à montrer que ces « choses monstrueuses rejectees par la bouche » « n'ont point esté dedans le corps »[20]. Médecin et bon connaisseur de l'anatomie et de la physiologie du corps, il observe que « le plus souvent elles sont plus grandes que n'est la naturelle estendue du conduit que nous nommons la gueule, par lequel seulement la voye se presente de la bouche au ventre ». Et il voit dans cette notation, dit-il,

> un argument suffisant et non reprochable par lequel je convainqueray que telles choses sont mises à la bouche par la subtilité et habileté soudaine du Diable, ce pendant que nos yeux sont vaincus par son adresse subtile, ou trompés par charmes, ou par l'interposition de quelque corps aerien, ou autrement esmeus au dedans ou au dehors[21].

Il lui reste à s'interroger sur la nature exacte de ces matières que le diable feint de faire sortir du corps. Il serait trop simple de voir

18. Jean Wier, *ibid.*, III, 7, p. 238b.
19. Jean Wier, *ibid.*, p. 239a.
20. Jean Wier, *ibid.*, III, 2, p. 223b.
21. Jean Wier, *ibid.*, p. 224a.

en lui un pur chiffonnier qui va quêter des objets réels pour les faire ainsi apparaître, les entassant aux abords du corps. Aussi Wier est-il séduit par « l'opinion de Paul Grilland touchant la diverse et rude matiere qui sort du corps des ensorcellez[22] », opinion qu'il reproduit tout au long. Paolo Grillando est un juriste italien, actif à partir de 1517 et auteur d'un influent traité intitulé *Tractatus de hereticis et sortilegiis*, publié à Lyon en 1536, et souvent réédité. Celui-ci y fait état de son expérience très directe : « Vidi », « J'ay veu » ; lui aussi récuse l'avis de ceux qui pensent « que Satan fait apparoistre ces choses exterieurement ». En fait, « ce ne sont point especes naturelles ». En voici la preuve :

> Et qu'il ne soit ainsi, il est du tout manifeste, pour autant qu'elles sont jettées par le vomissement, ou par bas : et mesmes elles paroissent ainsi parmy les matieres liquides, lorsque premierement elles sont jettées hors du corps : que si vous gardez ces matieres deux ou trois ou cinq jours, comme autrefois je les ay fait soigneusement garder, vous verrez qu'elles se liquefieront du tout, et qu'elles perdront leur forme. Or si elles estoyent naturelles, il n'y a point de doute qu'elles demeureroyent en leur premiere forme, et ne pourroyent estre corrompues par aucunes liqueurs ou humiditez, principalement le fer, et les pierres, à raison de leur dureté comme chacun cognoist. [...] Or communement elles ne durent pas soubs ceste forme, ains elles se resoudent en bref, et se fondent en ces humiditez avec lesquelles elles sont sorties et sont meslees, comme j'ay souventesfois veu et touché de mes propres mains.

Admirons la conscience de ce juge qui n'a pas craint de mettre, si l'on ose dire, la main à la pâte et a ainsi découvert que le maître de l'illusion ne lésinait pas sur les moyens pour parfaire la fantasmagorie. Wier, quant à lui, intéressé par cette thèse, hésite quand même à se résoudre, car, écrit-il, « une humidité ne

22. Jean Wier, *ibid.*, III, 5, p. 234 a et suiv. Wier reproduit une longue page du *Tractatus*, II, § 22, éd. Lyon, 1536, f. XXIII, col. b.

se peut endurer [endurcir] si fort, que telles matieres en fussent procrees ».

Ce puissant manipulateur qu'est le diable utilise la puissante ressource de l'imagination, à laquelle Wier consacre de nombreuses pages. Les ensorcelés, qui sont souvent des esprits faibles, sont, dit-il, sous l'empire d'une imagination qu'ils ne savent pas contrôler. Wier cite Théodore Bizantin (c'est-à-dire le canoniste byzantin Théodore Balsamon) selon qui « jamais ou peu souvent les hommes magnanimes voyent des phantosmes : pour-autant que leur constance naturelle ne permet point qu'ils les imaginent[23] » ; et il s'appuie sur les analyses d'Aristote qui dit que « les choses qui ne sont point apparoissent quelquefois par la vertu du mouvement local des formes, lesquelles demeurent en la vertu phantastique, avecques les humeurs, dedans lesquelles elles sont comme en leur subjet ».

L'un des lecteurs de Wier pourrait bien être le célèbre magistrat René Choppin, qui, dans son *Traité de la police ecclésiastique*, traite longuement d'un procès où il eut à plaider : il s'agit de « Sçavoir s'il est permis à un locataire de quitter et abandonner la maison qu'il a louée, sous pretexte de l'illusion des esprits et des spectres que l'on dit y apparoistre[24] ». Choppin y reprend nombre d'allégations et de références de Wier, notamment celles-ci :

23. Jean Wier, *ibid.*, II, 25, p. 130b.

24. René Choppin, *Traité de la police ecclesiastique*, trad. I. Tournet, Paris, Jacques d'Allain, 1662, dans les *Œuvres de M. René Choppin*, t. IV, p. 594. L'original est intitulé *De sacra politia forensi libri III*, Paris, Michel Sonnius, 1589 ; la cause en question (livre III, titre 7) consacre les chap. 9, 10 et 11 à savoir « Utrum inquilino liceat ædibus cedere prætextu ilusionis umbrarum et spectrorum » (p. 547 et suiv.).

> Theodore le Byzantin estime que les hommes courageux ne voyent jamais ou peu souvent des spectres et phantosmes, d'autant qu'ils n'entrent en aucune imagination de telles choses à cause de leur grande asseurance et constance. Aristote [...] dit que les choses sensibles et receues par les sens, estant disparues, ne laissent pas de laisser les figures et phantosmes en la partie imaginative. Et de là vient qu'en vertu du mouvement local des formes sensibles attachées en la partie phantastique et imaginative, avec les humeurs dont elles sont empreintes comme en la matiere, telles choses apparoissent, qui ne sont point en effet et en verité[25].

Grevin, traduisant le livre de Wier, rend encore plus fortement le passage en écrivant que les choses « demeurent en la vertu phantastique, avecques les humeurs, dedans lesquelles elles sont comme en leur subjet[26] ». Cette conception de l'imagination et de son fonctionnement confère aux images une sorte de consistance propre. Faut-il ajouter que le diable n'a pas manqué de s'en aviser ?

Cette doctrine de l'image aide, en effet, à dissiper les difficultés de la question fort controversée du transport au sabbat. Pierre de Lancre commence son examen « Du transport des Sorciers au Sabbat » par cette observation :

> Sçavoir si le transport des Sorciers au Sabbat est un prestige, songe, ou illusion du Diable, ou bien s'ils y vont reellement et corporellement, est une question si agitee par les Docteurs anciens et modernes, et par les Juges souverains des Cours de parlement, qu'il me semble qu'on n'en peut mes-huy plus douter[27].

Imitons-le et tenons-nous à ce qui en est du corps.

25. René Choppin, *ibid.*, p. 594.

26. Wier, ouvr. cité, p. 131a.

27. Pierre de Lancre, *Tableau de l'inconstance des mauvais anges et demons*, Paris, Nicolas Buon, 1612, p. 78.

Puisque, selon la définition aristotélico-thomiste, à laquelle se range Pierre de Lancre, l'âme est l'acte d'un corps organisé ayant la vie en puissance, même dans l'état d'extase, on l'a dit, l'âme ne quitte pas son corps. L'auteur le rappelle et en tire les conséquences, enfermant son lecteur dans le filet serré de son raisonnement : « L'ame n'abandonne jamais son domicile que par la seule mort[28] » ; et il faut donc récuser la thèse d'« une licence de l'ame qui ayt abandonné tant soit peu le corps, et comme une mort fugitive ; ains Tertullien *De resurrectione carnis*, dict vray, que l'ame ne se separe jamais du corps et n'abandonne son domicile que la vraye mort ne s'en ensuive[29] ». Il est certes possible que les sorcières aillent « par fois au sabbat en songe et par illusion », mais « elles y vont aussi parfois reellement », et en ce cas elles ne peuvent y aller qu'en âme et en corps à la fois. En effet,

> Si l'ame se va promener seule pour assister au sabbat, et s'informer et porter nouvelles d'iceluy, elle ne peut plus rentrer dans son domicile ny rappeller son corps : car par ce delaissement du corps, l'ame faict cession de biens et de vie[30].

Que les sorcières aillent parfois réellement au sabbat est établi par les informations qu'elles en livrent :

> Les sorcieres qui confessent remarquent les lieux du sabbat, les places, les arbres, les buissons, les fleuves, les champs, les maisons, l'ordre des festins, les viandes : si les convives ne sont voilez, elles les recognoissent, elles ont aussi une cognoissance particuliere, et nomment ceux qu'ils ont rencontré en chemin qui les ont saluez et parlé parfois à eux[31].

28. Pierre de Lancre, ouvr. cité, p. 86.
29. Pierre de Lancre, *ibid.*, p. 102.
30. Pierre de Lancre, *ibid.*
31. Pierre de Lancre, *ibid.*, p. 103.

Sur ce point, Pierre de Lancre fait état de l'unanimité de « tous les plus entendus et mieux versez en cette matiere et qui ont faict de plus belles experiences » : tous assurent que « rendre si bon compte du sabbat » « ne peut arriver qu'à celles qui y ont desjà esté corporellement et apres s'estre prealablement logees soubs la banniere du Diable »[32].

Reste une objection : il est arrivé de multiples fois qu'au temps où des sorcières avouaient avoir assisté au sabbat, des personnes les aient rencontrées ou même aient intimement constaté leur présence. Pierre de Lancre relate la déposition d'une jeune fille qui était soupçonnée d'être allée au sabbat en compagnie d'une sorcière avérée ; elle arguait pour sa défense qu'elle était « veillée par plusieurs personnes qui ne l'avoient jamais perdue de veue : d'avantage qu'elle couchoit pres de sa mere qui ne l'avoit trouvee à dire[33], que sa mere tenant son transport en soupçon la veilloit et parloit à chaque moment à elle[34] ». Pressée de questions, elle passe aux aveux :

> N'obste que[35] sa mere la veille, manie et l'interroge à tous momens sans la trouver à dire : car elle dict que Satan la voulant tirer subtilement d'aupres de sa mere il la faisoit enlever par ladicte sorciere à l'accoustumé, mettant sa figure qui la ressembloit du tout en sa place, afin que sa mere ne la trouvast à dire : que si sa mere la manioit elle trouvoit ce corps fantastique lequel respondoit à tout ce que sa mere luy eut peu demander. Puis le Diable la venoit instruire au sabbat de tout ce qui s'estoit passé en son absence, afin qu'elle ne fut surprise, et qu'il parut

32. Pierre de Lancre, *ibid.*, p. 102-103.

33. « Trouver à dire, signifie, Trouver qu'il manque quelque chose. On a trouvé à dire à cette somme. Il s'y est trouvé à dire un escu. Il se dit aussi, Des personnes. On vous a bien trouvé à dire dans cette compagnie » (Dictionnaire de l'Acad. fr. 1re éd., 1694).

34. Pierre de Lancre, ouvr. cité, p. 101.

35. Il n'empêche que.

> qu'elle n'avoit bougé de son lict : puis le Diable la ramenoit avec sa sorciere : et qu'estant de retour et prés de son lict elle trouvoit encore la figure tenant sa place pres de sadicte mere, laquelle ne bougeoit jamais de là qu'en cest instant qu'elle se mettoit au lict, et non encore tout d'un coup, ains chaque membre de son corps prenant place, ladicte figure seulement faisoit place à ce seul membre : comme si les pieds se posoient les premiers, la teste et tout le reste du corps demeurant, les pieds de la figure s'esvanouissoient seulement : et ainsi de chaque membre à suitte[36].

Scène hallucinante : on dirait que le corps fantastique rechigne à céder la place et ne se retire que de mauvais cœur, que cette image a une sorte de consistance qui assure sa résistance. L'histoire confirme la thèse de Pierre de Lancre sur ces sorcières qui vont bien au sabbat : « Encore qu'elles ne bougent, ou pour mieux dire semblent ne bouger de devant nos yeux, elles y vont neantmoins, en corps et en ame, reellement et corporellement, le Diable supposant un fantosme en leur place, qui a du tout leur ressemblance[37]. » Au reste, voyons là une stratégie du diable : « Afin qu'on croye que le transport n'est veritable, et que ce n'est qu'illusion, il laisse là parfois le corps de la sorciere, non pas le vray corps, ains la figure et simulachre d'iceluy[38]. » C'est là une illustration de son habileté à manier les images, à « gaster la phantasie des hommes par les moqueries de plusieurs phantosmes[39] », car ces corps fantastiques ont à la fois l'insistante présence et la fugitive densité des fantômes.

36. Pierre de Lancre, *ibid.*, p. 102.
37. Pierre de Lancre, *ibid.*, p. 100.
38. Pierre de Lancre, *ibid.*, p. 86.
39. Wier, ouvr. cité, p. 24b.

Chapitre 4
Le corps en folie

L'abondante littérature médicale de la Renaissance ne compte à peu près aucune étude spéciale de ce que nous appelons les « maladies mentales », et, dans l'éventail des sciences médicales de l'époque, il n'est pas de place instituée pour ce que nous appelons la psychiatrie. Il est dès lors tentant de penser qu'il est anachronique de chercher à apercevoir une approche médicale de la folie au temps de la Renaissance. Les histoires de la médecine semblent confirmer cette hypothèse, soit que, selon un schéma progressiste, elles veuillent que les maladies de l'esprit, sujet particulièrement complexe, aient été le dernier terrain conquis par le savoir médical, soit que, tenantes d'une conception héroïque de l'histoire, elles s'attachent à désigner les fondateurs courageux et lucides qui ont, par exemple, enlevé les sorcières aux théologiens pour les confier aux médecins.

C'est pourtant un théologien qu'il faut citer pour commencer. Dans son *Formicarius* que les pages précédentes ont déjà plusieurs fois rencontré, le dominicain Jean Nider fait une grande place à un mode de possession qu'il dit n'être « ni réel, ni proprement nommé, mais seulement imaginaire[1] », et il l'illustre par cette histoire :

> J'ai connu à Nuremberg une jeune femme d'une famille riche et puissante ; cette honorable dame était unie à un homme par la loi de mariage. Pendant quatre ans environ, sans que nul autre qu'elle et une servante dévouée le sût, elle se crut totalement possédée par le démon. Et, craignant le discrédit pour elle et ses enfants si elle le révélait, elle commença en son particulier à tomber dans un si grave dépérissement physique, que ni ses enfants, qui étaient beaux, ni la présence d'un mari plein de qualités, ni le plaisir des amis ou des banquets ne réussissaient à la réjouir. Je me rendis dans la ville susdite ; quand elle eut connaissance de ma présence, elle commença à venir à la porte du couvent me consulter sur le salut de l'âme et sur d'autres sujets. Et comme, en parlant, je nommais, je ne sais dans quelle circonstance, le démon, elle se mit à détourner prudemment la tête pour cracher comme en se jouant. Ce qu'elle s'était auparavant imaginé chaque fois qu'elle avait entendu prononcer le nom du diable mit l'effroi dans son esprit, selon l'habitude contractée. Donc après quelques paroles, ayant reconnu dans son geste la peur qu'elle avait dissimulée, je lui dis : « Madame, si vous voulez me dire la vérité, je vous découvrirai la tentation secrète que vous cachez. » Elle me répondit, étonnée : « C'est ce que je ferai si vous dites la vérité. » Je lui répliquai alors : « Vous pensez être possédée. » Surprise, elle répondit : « C'est pourtant la vérité : voilà ce qui me désole depuis longtemps et encore aujourd'hui. » Voyant son état et apprenant les circonstances de sa peur, je lui dis : « Rassurez-vous, vous n'êtes pas possédée. Mais c'est ou une tentation ou une manie naturelle. » A ces mots, elle commença à se réjouir et à mener meilleure vie. Longtemps après elle continuait à montrer un honorable entrain[2].

L'ouvrage de Nider se termine par une autre histoire, qui, elle aussi, utilise le mot de *manie* comme un terme générique :

1. Jean Nider, *Les Sorciers et leurs tromperies*, texte établi et traduit par Jean Céard, XII, 19, Éd. Jérôme Millon, 2005, p. 227.
2. Nider, *ibid.*, § 12.20 et 12.21.

> J'ai encore connu un professeur ès arts et en théologie tout à fait remarquable, qui commença à être en proie à une imagination très grave, une manie, celle de se tuer lui-même de son propre couteau. Il avait grande honte de le faire voir, mais il ne pouvait écarter cette imagination. Il vint finalement me voir en secret, pleura abondamment et demanda un remède. Je l'exhortai d'abord, par de certaines raisons, à travailler à purifier sa conscience par une confession sacramentelle, ce qu'il fit. Mais il ne fut pas délivré, car, au jugement du médecin du corps, il souffrait de manie. Aussi un jour ce maniaque, qui était par ailleurs d'une grande sagesse, me dit-il en pleurant : « Surprenante chose : je vois par expérience que j'ai l'usage de la raison et je sais que je suis contradictoirement libre, mais je ne puis avec une totale liberté d'esprit écarter cette imagination de me tuer. » Souvent de telles gens ont bien plus grand besoin d'un médecin du corps que de l'âme[3].

Certes Nider n'écarte pas la thèse que cette tentation de se tuer soit d'inspiration démoniaque. Mais il pose que, pour l'inspirer à un homme, le démon, qui, simple créature, agit comme tout agent naturel, a besoin d'une disposition corporelle. Il approuve cette proposition du théologien Paul de Burgos : « La manie, par nature, dispose grandement à souffrir d'aliénation d'esprit selon les médecins et, par conséquent, à subir l'action afflictive démoniaque. Or la maladie de manie peut être soulagée par des médications sensibles [...]. Par conséquent si l'on peut guérir dans un corps humain une telle disposition à subir l'action afflictive des démons qui lui répond, ainsi disparaîtra totalement l'action du démon, la disposition passive disparaissant[4]. »

Cette prédominance du corps force à récuser l'usage, même par commodité, de notre expression de *maladies mentales*. Un médecin de la Renaissance connaît à la rigueur, pour reprendre l'expression

3. Nider, *ibid.*, § 12.31, p. 235.
4. Nider, *ibid.*, § 12.15, p. 225.

de Pierre Pigray, les « maladies où il y a passion d'esprit[5] », ce qui est très différent. S'il lui arrive de parler de maladies de l'âme (ce qu'implique, dans son étymologie, notre terme de psychiatrie), il entend par là la tristesse, l'acédie, le désespoir, qui sont à l'âme ce que les maladies sont au corps : l'expression est et reste métaphorique. L'âme, en effet, étant créée et non engendrée, ne peut se corrompre, ni donc être malade. Le médecin Jourdain Guibelet, rencontrant l'expression de *maladie de l'âme* sous la plume d'Hippocrate, tient à le préciser : « Hippocrate n'entend point que l'âme soit sujette à aucune maladie, encore qu'il dise que la maladie de l'âme soit cause que les frénétiques ne sentent point de douleur, voulant signifier par là que les esprits, retenus par la nature, ne sont point representés à l'imaginative, pour imprimer l'espece de la chose qui blesse[6]. » Autrement dit, l'imagination formant des images mentales des objets extérieurs perçus par les sens, la faculté qui lui permet d'appréhender les objets ne peut s'exercer que si ceux-ci lui sont représentés, grâce aux esprits[7], par les sens extérieurs, la vue, l'ouïe, etc. ; si la voie est fermée aux esprits, « la chose qui blesse » n'est pas représentée à l'imagination, et le frénétique ne ressent pas de douleur. Mais en ce cas, ce n'est pas proprement l'âme qui est atteinte : elle est simplement empêchée de disposer entièrement

5. Pierre Pigray, *Epitome des preceptes de medecine et de chirurgie*, VII, 10, Lyon, Pierre Rigaud, 1619, p. 515.

6. Jourdain Guibelet, *Trois discours philosophiques. [...]. Le III. de l'Humeur Melancholique*, Évreux, chez Antoine Le Marié, 1603, p. 246a.

7. Les esprits sont des substances extrêmement subtiles, mais corporelles, faites de la partie du sang la plus légère et la plus ténue, qui, dit Nicolas Abraham de La Framboisière, *Œuvres*, Paris, Veuve de Marc Orry, 1613, p. 92, « servent de lien à l'ame et au corps, d'autant qu'ils unissent le corporel avec l'incorporel [...], tellement qu'ils sont moyens entre le corps et les vertus de l'ame, et si sont organes des opérations, lesquelles ne peuvent être faites sans leur assistance ».

et convenablement du corps, qui est l'instrument par lequel elle exerce ses facultés. Pour un médecin de la Renaissance, les maladies que nous appelons mentales s'enracinent, comme toutes les autres maladies, dans un trouble corporel, physique : leur particularité consiste en ce que ce trouble fait sentir ses effets sur le cerveau.

De telles maladies, même si on les appelle folies, n'ont rien à voir avec la folie sacrée, ou enthousiasme. On connaît le mot de Socrate : « Le délire [*mania*], sais-tu qu'il est de deux sortes, l'une qui est due à des maladies humaines, l'autre à un état divin qui nous fait sortir des règles coutumières[8] ? » La faveur du platonisme à la Renaissance a répandu cette thèse : Marsile Ficin l'expose, et Pontus de Tyard la développe. La « fureur » qui est « engendrée d'une secrète puissance divine » et dont le « propre est d'élever depuis ce corps jusques aux Cieux l'âme qui des Cieux est descendue dans ce corps », ne saurait se confondre ni même se comparer avec celle qui « procède d'un vice du cerveau »[9], et qui seule regarde le médecin : l'une abstrait l'âme du corps ; l'autre, au contraire, saisit le corps et habite en lui.

Au reste, dans une médecine dont la nosologie traite volontiers des maladies selon leur localisation dans le corps, celles-ci ont leur place parmi « les affections de la tête ». Sous ce titre, le médecin padouan Girolamo Capivaccio traite successivement, d'abord des affections capillaires, pelade, teigne, etc., puis des affections internes, qui sont les maux de tête, la frénésie, la léthargie, la mélancolie, la manie, les troubles de la mémoire, le vertige, l'incube, l'épilepsie, l'apoplexie, le coma, l'insomnie, etc. Ces maladies sont relatives au cerveau, en tant qu'il est l'organe des fonctions dites

8. Platon, *Phèdre*, 265A.

9. Pontus de Tyard, *Solitaire premier, ou Dialogue de la fureur poetique*, Paris, Galiot du Pré, 1575, p. 9.

animales, lesquelles sont propres au cerveau. En tant qu'il est instrument de la fonction dite naturelle, fonction qui est relative à tout le corps qu'elle nourrit et entretient, le cerveau peut être affecté de catarrhe (qui est un flux morbide dans une muqueuse), d'éternuement, d'hydrocéphalie, etc. Même sorte de partage chez le médecin Nicolas Abraham de la Framboisière, qui toutefois distribue les « maladies du cerveau, et des parties destinées à son service », ou plus simplement « les maux du chef », selon des localisations plus détaillées : la substance du cerveau est le siège de la frénésie, de la manie, de la mélancolie et de la léthargie ; aux ventricules du cerveau et aux conduits se forment le vertige, l'incube, la convulsion, l'épilepsie, l'apoplexie, la paralysie et le catarrhe ; enfin aux membranes, c'est-à-dire aux méninges et au péricrâne, se font la céphalalgie, la céphalée et la migraine[10]. Ce type de distribution survit à la Renaissance : on le trouve encore, en 1748, dans le *De morbis internis capitis* de Jacques Lazerme, qui place l'étude de la frénésie, de la manie et de la mélancolie entre l'étude des maux de tête et l'étude du catarrhe ; il est vrai que, cette fois, l'auteur avoue que le dernier chapitre sur le catarrhe n'est justifié que par le respect de la tradition[11]. Prudemment peut-être, en tout cas sans chercher à s'en expliquer, dès 1573, le médecin piémontais Giovanni Francesco Arma avait isolé frénésie, manie et mélancolie dans un traité intitulé *De trois affections de la tête* (*De tribus capitis affectionibus, siue de phrenetide, mania et melancholia*). Si donc on assiste çà et là à des groupements qui marquent un certain sentiment de la spécificité de ces maladies,

10. La Framboisière, éd. citée, p. 368.

11. Jacques Lazerme, *De morbis internis capitis*, chap. XIX, p. 231 : « Consuetudini veterum potius quam veritati obtemperantes, Catarrhum inter Capitis morbos recensemus. »

il reste que les médecins n'éprouvent pas le besoin de constituer pour elles une discipline distincte.

La raison en est que ces maladies procèdent d'un « vice du cerveau ». La médecine enseigne que les maladies, quelles qu'elles soient, ont trois causes principales : l'intempérature, ou dyscrasie, dans les parties similaires, c'est-à-dire les tissus ; la mauvaise composition, dans les parties instrumentaires, c'est-à-dire les membres et les organes (sexdigitisme, luxation, etc.) ; une solution de continuité dans les parties similaires ou instrumentaires (plaie, fracture, etc.). Ces maladies du cerveau que sont les *desipientiae*, les *folies*, sont du premier ordre.

> Toutes, écrit Fernel, ont pour cause une humeur ou une vapeur extrêmement chaude qui se répand dans la substance du cerveau et dans ses ventricules, et dont l'impulsion et l'agitation déterminent dans l'esprit (*mens*) des idées fausses et fantastiques[12].

Cette explication connaît peu de contestations. Le médecin Jean Taxil, qui, sur l'épilepsie, la récuse et attribue la maladie à un venin, croit pourtant celui-ci engendré du flegme ou de l'atrabile, c'est-à-dire d'une humeur. Le médecin Arma, qui définit « la vraie *phrenetis* » comme « une solution de continuité chaude dans le sinciput, sous le crâne, dans les membranes enveloppant le cerveau », ne voit dans cette solution de continuité que la cause antécédente : pour que celle-ci soit opérante, il faut une cause actuelle et immédiate, qui est encore d'ordre humoral : « Il y a frénésie, écrit-il, quand la tête est pleine d'une vapeur chaude. » Ainsi c'est bien le jeu des humeurs qui tient la clé des folies.

12. Fernel, *Pathologia*, V, 2, in *Universa Medicina*, Paris, André Wechel, 1567, p. 263 : « Omnium causa est humor aut vapor feruentissimus in cerebri substantiam in eiusque ventriculos effusus, cuius impulsu et agitatione mens in falsa quaedam fictitiaque traducitur. »

On sait que, comme tous les mixtes, c'est-à-dire les êtres composés, le corps humain, selon la description universellement répandue, comprend en lui les quatre qualités élémentaires (chaud, froid, sec et humide) dans une proportion qui varie selon les individus. C'est ce qu'on appelle la complexion ou le tempérament. Ces qualités élémentaires se combinent deux à deux (chaud et sec, chaud et humide, froid et sec, froid et humide) dans les quatre humeurs qui irriguent notre corps. On distingue, en effet, dans la masse sanguine, vulgairement appelée sang, ces quatre humeurs : le sang proprement dit, chaud et humide (comme l'air), la bile (ou colère), chaude et sèche (comme le feu), la mélancolie (ou atrabile), froide et sèche (comme la terre), et le flegme (ou pituite), froid et humide (comme l'eau). La complexion, qui résulte du mélange de ces quatre humeurs, peut être exactement tempérée, en ce sens qu'aucune de ces humeurs ne domine, qu'elles sont entre elles dans un parfait équilibre ; mais le plus souvent la complexion est intempérée en ceci qu'elle comporte une ou deux humeurs dominantes ; de là vient qu'il existe quatre tempéraments intempérés simples (où domine l'une des quatre humeurs) et quatre tempéraments intempérés composés (où dominent deux des quatre humeurs, l'une d'elles l'emportant, d'ailleurs, sur l'autre). Or, comme dit le médecin N. Abraham de la Framboisière, « de la variété des complexions dépend la variété des humeurs. Car c'est une chose assurée que notre tempérament fait toujours nos humeurs pareilles à soi[13] ». En ce sens, on peut appeler naturelle la complexion qui est celle de chacun de nous à sa naissance et qui ainsi définit chacun de nous.

Il n'empêche que celle-ci, même si elle ne cesse pas d'être la complexion de chacun de nous, peut être diversement affectée. Le

13. La Framboisière, éd. citée, p. 184.

lieu, l'heure de la journée, la saison, l'âge notamment agissent sur notre complexion naturelle. Il appartient au médecin d'entretenir le jeu des humeurs et éventuellement, dans le cas des tempéraments très intempérés, de le corriger. Il y parvient par la détermination d'un régime de santé (ou diète) adapté à chaque individu. Celui-ci comporte six considérations : l'air, le boire et le manger, le sommeil et la veille, le mouvement et le repos, les évacuations (ou vidanges) et l'administration des passions de l'âme. Comme le montre l'évolution sémantique des mots de diète et de diététique, nous avons eu tendance, au cours du temps, à limiter ces considérations à la seconde, le boire et le manger ; la médecine ancienne ne faisait pas moins de place aux cinq autres.

Il est vrai que la considération du boire et du manger demande plus de détails que les autres, et qu'en outre, l'entretien de la masse sanguine est directement régi par la nourriture. Le jeu des humeurs, en effet, est notamment commandé par le fait de la coction ou cuisson des aliments dans les méandres du corps. On sait qu'après ingestion des aliments, une première cuisson a lieu dans l'estomac, où s'élabore le chyle, « substance semblable à un lait d'amandes », écrit A. Paré[14]. Celui-ci est porté au foie, où il subit une seconde cuisson, qui le convertit « en une substance rouge semblable à vin, que nous appelons le sang[15] », mais qui est en réalité issue du tempérament des quatre humeurs constitutives de notre être. Ce « sang » est ensuite « porté par les veines et artères à toutes les parties du corps pour leur nourrissement », non sans que ne s'y opère une troisième coction. Au cours de ces transformations, surviennent diverses opérations de purification, de « purgation »,

14. Ambroise Paré, *Les Œuvres*, éd. E. Berriot-Salvadore, J. Céard et G. Pineau, Paris, Classiques Garnier, 2019, p. 195.

15. Ambroise Paré, *ibid.*

qui entraînent l'élimination d'*excréments*. La première coction produit des excréments qui sont évacués par le siège. La seconde coction détache du sang trois excréments : la sérosité, qui gagne la vessie, chargée de l'évacuer ; les parties les plus épaisses de la bile, qui gagnent la vésicule biliaire (dite follicule du fiel), d'où elles passent dans les intestins ; les parties les plus épaisses de la mélancolie, qui passent dans la rate. Enfin, la troisième coction est à l'origine de la sueur et de « l'ordure qui sort par les pertuis du cuir[16] ».

Ces opérations de transformation et de purification façonnent la masse sanguine. Le mélange des quatre humeurs qui la constituent est volontiers décrit par les médecins de la Renaissance à l'aide de la fameuse comparaison, suggérée par Galien, de la fermentation du vin :

> Comme on voit quatre parties différentes au moût, la douce liqueur, la fleur qui est au-dessus, la lie qui est au fond, et la verdeur ou aquosité mêlée parmi : ainsi aperçoit-on quatre humeurs différentes en la masse sanguinaire, le sang qui est la plus bénigne humeur représente la meilleure partie du vin ; la bile qui paraît au-dessus ressemble à la fleur ; la mélancolie qui est toujours au-dessous est comme la lie ; la pituite retire à la verdeur ou aquosité[17].

Tel est le jeu normal des humeurs, lorsque les diverses opérations ci-dessus décrites se font sans incident. Mais si elles sont perturbées, si notamment survient, au cours de ces coctions, de ces cuissons, une chaleur excessive, les humeurs en sont affectées. Pour la pituite, étant naturellement froide et humide, elle pourrit. Les trois autres, sang, bile et mélancolie, se brûlent, et, de cette « adustion », naissent

16. La Framboisière, éd. citée, p. 52.

17. La Framboisière, *ibid.*, p. 90. Voir, de même, Kaspar Peucer, *Les Devins, ou commentaire des principales sortes de divinations*, trad. fr. de Simon Goulart, Anvers, Heudrik Connix, 1584, p. 433.

des substances fort déplaisantes, qui, étant brûlées, sont noires et reçoivent donc le nom de mélancolie. Ces mélancolies morbides, étant issues de l'adustion de trois humeurs naturelles distinctes, sont, elles aussi, de trois sortes, ainsi décrites par le médecin K. Peucer, qui, du reste, lui aussi s'inspire ici étroitement de Galien :

> L'une se fait des bruslees et plus espaisses parties du sang : c'est la plus benigne des trois, mais si la chaleur vient à la cuire et rostir davantage, elle devient beaucoup plus aspre et mordante. Le suc melancholique devenu aduste et bruslé engendre la seconde sorte, qui est trop plus maligne et nuisible que la premiere. En sa consistance elle est plus subtile que le suc melancholique, au demeurant aigre, aspre, rongeante, polie et luisante comme de la poix, raclant le corps et la terre, et, quand elle est versee hors du corps, échauffant la terre et faisant lever plusieurs ampoulles[18].

Quant à la troisième, qui naît de l'adustion de la bile, elle aussi « ressemble à la poix noire, mais en proprietés et effets, elle est sans comparaison pire que l'autre qui se fait de suc melancholique aduste[19] ».

Quand ces pernicieuses substances gagnent le cerveau ou exhalent des vapeurs qui se répandent en lui, « la faculté principale de l'âme », celle qui fait la ratiocination, la mémoire et l'imagination ou fantaisie, en est affectée. La pituite est à l'origine de la léthargie : quand l'humeur pituiteuse vient à abonder dans le cerveau, il survient un endormissement presque invincible, accompagné ou non de fièvre lente, selon que la pituite se pourrit ou non ; ici se rangent toutes ces affections caractérisées par la torpeur ou même l'imbécilité, que les médecins réunissent sous les noms de *stultitia*, de *fatuitas*, de *morosis*, *d'amentia*. Les autres maladies du cerveau, groupées sous le nom de *desipientiae*, et notamment la frénésie, la

18. Kaspar Peucer, *ibid.*, p. 452.
19. Peucer, *ibid.*, p. 450.

manie et la mélancolie, font l'objet d'étiologies plus complexes. La frénésie s'accompagne toujours de fièvre, ce qui ne survient pas dans la manie et dans la mélancolie. Selon La Framboisière, « la manie est une resverie avec rage et furie, sans fievre, provenant d'humeur atrabilaire, engendree par adustion de la cholere, ou de la melancholie, ou du sang » ; et la mélancolie est « une resverie sans fievre, accompagnée d'une frayeur et tristesse, sans occasion manifeste, provenant d'une humeur ou vapeur melancholique, qui occupe le cerveau et altere sa temperature »[20]. Certes, tous les médecins de la Renaissance n'approuveraient pas complètement ces définitions, mais, pour l'essentiel, c'est bien dans le jeu des humeurs altérées qu'ils placent la cause des *désipiences* ou « aliénations d'esprit ».

On aura observé la large polysémie du mot de *mélancolie*. Ce terme peut désigner une humeur naturelle, le tempérament dominé par cette humeur, le résultat de l'adustion des trois humeurs naturelles que sont le sang, la bile et la mélancolie, ou enfin une aliénation d'esprit. Or, c'est très tard que cette polysémie sera dénoncée comme source d'équivoques : la première mise en garde semble se trouver, sous bénéfice d'inventaire, sous la plume du médecin Jourdain Guibelet, en 1603[21]. C'est que visiblement le terme de mélancolie tend de plus en plus à désigner, par excellence, la folie, et à se substituer au terme grec de *manie*, encore utilisé comme terme générique, on l'a vu, par Nider. Dans ce changement, comment ne pas voir l'influence des réflexions néoplatoniciennes issues du platonisme florentin ?

20. La Framboisière, ouvr. cité, p. 373 et 376.

21. Guibelet emploie tout le premier chapitre de son *Discours de l'humeur melancholique* à lever « l'ambiguité de la diction » (*Trois Discours philosophiques*, p. 219 et suiv.).

Le terme de *mélancolie* en vient, en effet, à désigner, parmi les folies, l'espèce la plus propre, et pour ainsi dire canonique. Il existe certes des « rêveries » joyeuses ; certains fous, que La Framboisière appelle maniaques, mais dont la manie vient de l'adustion du sang, « rient démesurément et chantent toujours » ; mais ces fous, qui se bercent souvent d'aimables illusions, n'inquiètent pas. Le mélancolique, lui, s'abandonne, à la tristesse ou à la frayeur.

> Ceux qui sont travaillez de cette passion, écrit encore La Framboisière, pensent ou disent ou font des choses absurdes et hors de saison, et si la peur et la tristesse ne les abandonnent jamais. [...] Aucuns se mettent en phantaisie de ne point parler, et de passer toute leur vie en silence. Puis ils fuyent le plus qu'ils peuvent la compagnie et hantise des personnes. Plusieurs cherchent les deserts et quelquefois vont errant dans les cimetieres, ou les hideuses cavernes, et s'y retirent, et souvent hurlent ainsi que les loups : le vice desquels est proprement appellé Lycanthropie[22].

Or il se trouve que le tempérament mélancolique naturel est, de loin, le meilleur, celui qui dispose aux plus hautes réalisations. Cette promotion de la mélancolie, on le sait, est typique de la Renaissance, qui en célèbre volontiers les vertus, en s'appuyant notamment sur le fameux Problème XXX du pseudo-Aristote : les grands hommes dont l'histoire a retenu le nom ont été des mélancoliques ; le pseudo-Aristote cite Hercule, Ajax, Bellérophon, Socrate, Empédocle, les Sibylles ; les modernes y ajouteront, par exemple comme le médecin Jean Taxil, en 1602, Jules César, Caligula, Pétrarque, Charles Quint[23]. Ce discours, dans le développement duquel il faut faire la plus grande place au néoplatonisme, a mis, semble-t-il, du temps à gagner le discours médical. Un Fernel n'y est visiblement pas sensible. C'est surtout dans la seconde moitié du siècle que les

22. La Framboisière, ouvr. cité, p. 376.
23. Jean Taxil, *Traité de l'epilepsie*, Tournon, Claude Michel, 1602, p. 137.

médecins s'y convertissent. Placés à la confluence de ce discours et du discours médical traditionnel, ces médecins les conjuguent de manière fort intéressante, en soulignant le caractère contrasté du tempérament mélancolique. Alors que le sanguin, le colérique, le flegmatique sont, pour ainsi dire, tout d'une pièce, le mélancolique semble ne pouvoir être décrit qu'en des termes qui réunissent les contraires. Écoutons A. Paré, qui, du reste, consacre à l'homme mélancolique la plus longue de ses descriptions. En des termes qui doivent beaucoup aux anciennes descriptions dépréciatives des médecins, mais qui laissent déjà pressentir la complexité de ce tempérament, les mélancoliques, écrit d'abord Ambroise Paré,

> sont graves et malins, frauduleux, trompeurs, chiches et extrêmement avares, tardifs à payer leurs dettes, craintifs, tristes, chagrins, grognards, de peu de parole, pleureux, pensifs, ingenieux, desirant de grandes et excellentes choses, et sont fort soupçonneux, solitaires, haïssant la compagnie des hommes, fermes et stables dans leur opinion, tardifs à ire, mais quand ils se courroucent ils s'apaisent difficilement[24].

Mais ce n'est pas fini ; Paré, à cette occasion, rappelle que l'homme n'est pas l'esclave de son tempérament, que celui-ci le conditionne, sans le déterminer, « car, écrit-il, la bonne nourriture et les lettres peuvent changer l'inclination naturelle. Les gens de cœur et magnanimes ont été pour la plupart mélancoliques, aussi fort ingénieux, sages et prudents ». À la fin du siècle, La Framboisière parfait remarquablement ce portrait, non sans avoir conscience de bousculer toute une tradition médicale. Comme Paré, il traite en dernier lieu de l'homme mélancolique, ce qui lui permet de le comparer aux autres tempéraments. Il n'hésite pas, ayant lu Paré, à reconnaître que les mélancoliques sont pensifs, taciturnes,

24. Paré, éd. citée, p. 205.

solitaires, tristes, craintifs, soupçonneux, etc. Mais d'emblée, il a marqué leur supériorité :

> N'en desplaise à ceux qui ont escrit autrement, entre toutes les complexions intemperées je maintiens qu'il n'y en a point de plus excellente que la melancolique, quand elle demeure dans les limites de santé : de sorte que ceux auxquels cette humeur a domination sont dignes et capables de commander, et d'avoir charge par dessus les autres. Car les sanguins sont si voluptueux que, si vous leur mettez des affaires de consequence en main, ils laisseront là tout quand l'humeur leur prendra, pour se donner du plaisir. Les bilieux, jaçoit qu'ils soient habiles gens, si ont-ils la tête si pleine de vif-argent, que la principale partie requise pour traiter et delibérer des affaires d'importance leur manque, qui est le jugement. Les pituitueus sont si lourdaux qu'ils ne se peuvent occuper à autre chose, qu'à faire ripaille, ayant le dos au feu, et le ventre à la table. A qui commettrez-vous donc les grandes charges, et les hautes entreprises, sinon aux melancholics ? Aussi ont-ils toutes les conditions requises, pour s'en bien acquitter[25].

Après quoi, La Framboisière passe en revue tous les traits qui pourraient sembler dépréciatifs, pour montrer quel avantage un mélancolique en tire dans l'accomplissement de ses tâches : naturellement solitaire, le mélancolique garde l'esprit libre, évite d'être distrait et donne toute son attention aux affaires qu'il traite ; naturellement craintif, il est un homme prudent ; naturellement soupçonneux, il sait « ne se fier à aucune personne que sur bon gage » ; etc. Concluons :

> Voilà pourquoi les melancholics bien nourris sont plus propres que les autres à gouverner les républiques, à manier les affaires d'Estat, à administrer les charges Ecclesiastiques, à exercer la justice, et à pratiquer la médecine[26].

25. La Framboisière, ouvr. cité, p. 189-190.
26. La Framboisière, *ibid.*, p. 193.

Il ne reste plus à La Frambroisière qu'à prescrire aux mélancoliques un bon régime de vie, une bonne diète. Il le fait en se conformant aux six rubriques diététiques. Voici, à titre d'exemple, les règles relatives au sommeil et à la veille et aux évacuations :

> Les veilles leur sont fort nuisibles. Partant tascheront par tous les artifices qu'ils pourront à bien dormir. Et qu'ils n'entreprennent pas de faire ordinairement l'amoureuse accolade à Venus. Ce leur est assez de la servir par fois, quand l'occasion se présente. Aussi ne s'en doit-elle pas formaliser, d'autant qu'ils ont beaucoup d'autres affaires à manier. Au surplus qu'ils ayent toujours la porte de derrière libre, pour donner passage aux excremens[27].

En des termes plus posés, c'est aussi ce que soutient le médecin espagnol Huarte de San Juan, dont *L'Examen des esprits* (publié d'abord, en espagnol, en 1575) a été abondamment lu, discuté et même contesté[28]. Huarte y cite seize fois le Problème XXX. Retenons au moins ce passage : « Des quatre humeurs aussi que nous avons, il ne s'en trouvera pas une qui soit froide et sèche comme la mélancolie, et Aristote dit que tous les hommes qui furent jamais signalés dans les sciences ont été mélancoliques[29]. » On devine à quelles conclusions peut conduire cette réflexion chez un médecin qui se demande (c'est l'objet de son livre) « à quel tempérament, à quel naturel correspondent tel ou tel type d'étude et tel métier, y compris le métier royal[30] », et qui entend définir les règles à suivre pour engendrer et élever un enfant que son naturel

27. La Framboisière, *ibid.*, p. 194.

28. Pour nous en tenir aux éditions en français, on n'en compte pas moins de vingt-quatre de 1580 à 1675.

29. Huarte, *Anacrise, ou parfait jugement et examen des esprits*, trad. G. Chapuis, Lyon, Jean Didier, p. 56.

30. Jackie Pigeaud, *Aristote. L'homme de génie et la mélancolie*, Petite Bibliothèque Rivages, 1988, p. 64.

disposera à telle ou telle activité. Dieu même s'y est conformé quand il a voulu faire naître un homme « propre à découvrir au monde la venue de son fils » : il l'a fait mélancolique ; ainsi, à la liste déjà longue des grands hommes mélancoliques, il convient d'ajouter saint Paul.

C'est en partant de considérations comparables que Marsile Ficin a, un siècle plus tôt, élaboré une sorte d'hygiène du mélancolique, et en est venu, par des voies originales, à jeter un pont entre la folie sacrée (ou *fureur*) et la folie dont nous parlons. Traducteur de Platon et auteur d'une *Théologie platonicienne*, Marsile Ficin est aussi médecin et compose un *De vita*, dont l'objet est la santé des gens de lettres (*De studiosorum sanitate tuenda*, tel est le titre du premier livre), qu'il appelle *studiosi* ou *litterati*, et qu'on pourrait appeler *intellectuels*, si le mot n'était anachronique. L'ouvrage, fruit de longues années de réflexion, est publié en 1489. L'homme d'étude, remarque Ficin, doit avoir soin de son instrument : comme le soldat se soucie de son cheval et de ses armes, ou le chasseur de ses chiens et de ses oiseaux, l'homme d'étude doit se soucier de son esprit, entendu ici comme une vapeur subtile qui s'élève de la masse sanguine, se répand dans le cerveau et constitue l'outil de l'âme. Cette masse sanguine, Ficin la conçoit ainsi qu'on l'a dit, c'est-à-dire comme un composé des quatre humeurs ; parmi elles, la mélancolie, caractérisée comme froide et sèche et mise en relation, selon la classique correspondance du macrocosme et du microcosme, aussi bien avec Saturne, l'astre froid et sec, qu'avec la terre, qui est par ailleurs au centre du monde. Or, l'activité intellectuelle est une activité de concentration. Ceux donc qui s'y adonnent sont ou deviennent mélancoliques, et se trouvent en butte aux effets de cette humeur, qui, noire, les plonge dans des sortes de ténèbres intérieures, génératrices de tristesse ou même de délire. À ce point de l'analyse, se fait déjà jour ce paradoxe qui est au cœur de l'histoire de la mélancolie : elle est à la fois intimement liée à l'activité intellectuelle et constitue comme son ferment, mais en même temps elle tourmente celui qui s'adonne à cette activité au point de pouvoir nuire à celle-ci et même l'entraver.

C'est là que Ficin évoque le Problème XXX du pseudo-Aristote, avec d'intéressantes adjonctions qui le mettent en rapport avec l'idée platonicienne de fureur. Parmi elles, il n'oublie pas le *Phèdre* ; mais, tout en sachant que, dans ce texte, il s'agit plutôt d'une fureur divine, il souligne que, selon les *physici*, une telle fureur n'est jamais suscitée que chez les mélancoliques. Ainsi, très consciemment (il récrit ici Cicéron, *De divinatione*, I, 80), Ficin, en même temps qu'il introduit dans l'examen du sujet l'idée de fureur, lie sa manifestation à celle d'une nécessaire disposition physiologique. Constatons cette curieuse rencontre avec un homme de son siècle, Johan Nider, qui, de son côté, pose la nécessité d'une disposition physiologique pour que le diable puisse tourmenter ou posséder.

Cependant cet état que Ficin appelle fureur n'est pas identifiable à la folie, au sens pathologique du terme. Ficin indique que cette précision, ni Aristote, ni Platon ne l'ont apportée, mais qu'elle s'impose pour peu que l'on prenne soin de distinguer deux espèces de mélancolie : l'une est naturelle, l'autre est pathologique ; la pathologique, c'est la mélancolie aduste, résultat de l'adustion excessive d'une des humeurs, qui provoque la folie ou l'hébétude ; la naturelle, au contraire, n'est pas nuisible, mais même bénéfique, pour peu qu'on l'entretienne avec soin, en veillant à l'équilibrer avec de justes proportions de sang et de bile. C'est l'objet du livre de Ficin d'expliquer par quelles règles d'hygiène on peut parvenir à créer et à entretenir cet équilibre. Ainsi tempérée, la mélancolie est à la fois légère et, étant sèche de nature, désormais apte à s'enflammer sans brûler. Non plus terne, mais brillante, non plus froide, mais comme scintillante, elle peut exercer sa vertu naturelle sans que se fassent sentir les effets fâcheux qui naturellement l'accompagnent. C'est au point que Ficin est tenté de changer son nom : « Atra bilis, immo candida bilis[31] » ; la voici, non plus d'un noir terne, mais d'un blanc étincelant.

Cette doctrine bouleverse les opinions reçues ; on le voit bien à la façon dont Cœlius Rhodiginus[32], un de ses propagateurs, la reprend. En même temps qu'il rappelle le Problème XXX du pseudo-Aristote, il fait mention d'une boutade de Cicéron, déjà reprise par Pétrarque : « Aristote a déclaré que tous les hommes éminents étaient mélancoliques, de sorte que, dit Cicéron, je suis bien aise d'avoir l'esprit obtus (*Ut me [inquit Cicero] non poeniteat hebetiorem esse*). » C'est bien à une réhabilitation de la mélancolie, dans sa grandeur et dans ses risques, qu'a travaillé Ficin. Si celle-ci a tant séduit, c'est qu'il plaçait dans l'homme et dans sa nature le lieu de l'*ingenium* (du génie, si l'on veut) ; assurément, il ne refusait pas l'idée d'une inspiration divine, mais il confiait à l'homme le soin de se mettre en état de la recevoir ; il l'invitait à tourner le regard vers son univers intérieur pour apprendre à en apercevoir et à en maîtriser l'extrême complexité. Si la divinité se communique, elle le fait à des êtres qui, par une solide hygiène et par l'exercice réglé de leur esprit, développent les potentialités de leur nature et ouvrent leur esprit à la visitation du dieu. Un siècle plus tard, en 1602, dans son *Traité de l'épilepsie*, le médecin Jean Taxil le répétait, contre les laudateurs inconsidérés de la complexion mélancolique, qui, sans travail ni contrôle, serait de soi capable des plus grandes merveilles :

31. Ficin, *De vita*, I, 6.

32. Cœlius Rhodiginus, *Antiquae Lectiones*, éd. 1517, IX, 30 ; éd. 1542, XVII, 5.

> S'il ne fallait qu'un bon esprit pour être docte, que nous serviraient les écoles ? Nous saurions seulement autant que nous avons d'esprit propre, et un paysan bien fourni de mélancolie torréfiée pourrait deviser des sciences et servir de truchement à toute nation, plutôt qu'un flegmatique qui aurait demeuré trente ans aux écoles : cela ne s'est vu, ni ne se verra[33].

Il n'empêche qu'en mettant l'accent sur la mélancolie, comparée au vin qui, pris modérément, aiguise l'esprit, mais qui peut lui nuire grandement si l'on en abuse, Ficin donnait un solide fondement à une thèse, désormais fortement ancrée dans l'imaginaire occidental, et qui tend à lier la folie et le génie : selon le célèbre mot de Montaigne, il suffit d'« un demi-tour de cheville » pour passer de la sagesse à la folie[34].

33. Jean Taxil, *Traité de l'epilepsie*, ouvr. cité, p. 131.
34. Montaigne, *Les Essais*, II, 12, Paris, Pochothèque, 2001, p. 766.

Chapitre 5
L'emprise des signes

Après avoir traité des oracles, de la théomancie, de la magie, etc., Kaspar Peucer, lui-même médecin, consacre aux « présages des médecins » le onzième livre de son ouvrage intitulé *Les Devins ou commentaire des principales sortes de devinations*[1]. Il s'en justifie sans détours :

> Nous mettons, et à bon droit, au rang des devinations ou predictions ceste partie de medecine qu'on appelle *Simiotique* ou significative, laquelle considere les signes monstrans es sains une disposition vigoureuse ou interessee [= endommagée, lésée] et declinante pour tomber tout à plat, si elle n'est aidee et estayee d'apuis propres, et es malades les maladies qui les affligent tout à fait, les combats et conflicts de nature avec les maladies, les changemens qui doyvent suivre, soit pour empirer ou pour amender le recouvrement de la precedente vigueur ou la mort[2].

1. L'original latin s'appelle de même : *Commentarius de praecipuis diuinationum generibus* ; on en connaît au moins six éditions, auxquelles s'ajoute la traduction française, publiée en 1584, du pasteur Simon Goulart, étonné que l'ouvrage n'ait pas encore été mis en français.

2. Kaspar Peucer, *Les Devins ou commentaire des principales sortes de devinations*, trad. Simon Goulart, Anvers, Heudrik Connix, 1584, p. 394-395.

L'auteur continue :

> Certainement il faut que le medecin ait les yeux et l'entendement occuppez à ces signes-là s'il veut conoistre et destourner les maladies excitees au corps, surtout si elles sont profondement cachees au dedans.

Au reste, Peucer s'en souciera encore au livre XIII, où, traitant de la « physiologie », il commencera par l'étude des signes physiognomoniques qui méritent bien qu'on en tienne compte puisque Aristote lui-même, les considérant comme des signes naturels, leur a consacré un traité, faisant « mention des signes par l'indice et adresse desquels nous sommes conduits à la connoissance des affections cachees à nos yeux[3] ».

Dans l'univers obscur du corps, multiples et divers sont, en effet, les signes. Peucer les récapitule et en dresse la très complexe typologie :

> Quant aux signes, qui ont vertu et signification de signes, item de causes ou d'accidens tout ensemble, si ce sont causes evidentes immediatement, ou interieures, prochaines, ou conjointes : s'il y en a autant qu'il faut et tellement enchainees qu'elles suffisent pour produire effet : ou si elles sont du rang des accidens qui accompagnent d'eux mesmes toutes indispositions quelconques : alors tels signes sont certains, perpetuels et indubitables. Les autres signes sont vrais semblables, propres à plusieurs effects, et ne monstrans pas tousjours un mesme effect perpetuellement et d'ordinaire, mais le plus souvent seulement : et si sont quelquesfois communs à plusieurs effects. Or les signes qui ne sont rien que signes sont de deux choses l'une, ou ils precedent les maladies à cause de quelque liaison qu'ils ont avec les causes, ou bien ils la suivent estants conjoints aux effects ou aux accidens. Par ainsi, les signes en l'art des Medecins ont tel rapport aux choses signifiees, qu'ont les causes à leurs

3. Peucer, *ibid.*, p. 514. Les *Physiognomica* alors attribués à Aristote sont le premier traité sur cette matière qui nous soit parvenu.

> effects, ou les effects à leurs causes, ou les choses conjointes aux causes et aux effets à leurs correlatifs[4].

On comprend que Léonard Fuchs, dans sa *Methode ou Briefve introduction pour parvenir à la cognoissance de la vraye et solide Medecine*, qui, lui aussi, consacre de nombreuses pages à la sémiotique, observe que, quand la nature est « foible et vaincue », ses mouvements sont « indeterminez, desvoyez et sans ordre » et qu'il est alors besoin, pour les lire, « d'un Medecin bien rusé »[5].

Très attentif à cerner ce qu'il appelle le *crisis* (qui est une soudaine perturbation ou mutation en la maladie[6]), Fuchs en propose ce bel exemple :

> Si le quatriesme jour on ha veu en l'urine une nuee noire premierement, ou le dessus noir, ou quelque autre chose semblable, asseurément tel patient mourra : mais si l'accés s'est fait en jours impairs, le Crisis viendra au septiesme jour, et si l'accés s'est fait en jours pairs, le Crisis vient au sixieme jour : combien que le mouvement de la maladie te fera ton attente plus asseuree, car si elle se meut vistement, elle tesmoignera du Crisis qui se haste : c'est à dire qui viendra au sixieme jour. Et si elle se meut lentement, le Crisis sera differé jusques au septieme. Et quand le jour indice ne monstrera aucun signe de mauvais Crisis futur, alors la precognoissance dudit Crisis sera difficile[7].

On voit le nombre des considérations qu'il faut croiser. Et, puisque, comme on l'a dit, les signes physiognomoniques ne sont pas, selon Peucer, étrangers aux considérations proprement sémiotiques, on aura bon compte de faire cas de cet avertissement d'Aristote :

4. Peucer, *ibid.*, p. 400-401.
5. L. Fuchs, *Methode ou Briefve introduction pour parvenir à la congnoissance de la vraye et solide Medecine*, trad. G. Paradin, Lyon, Jean de Tournes, 1552, p. 391.
6. Fuchs, *ibid.*, p. 369.
7. Fuchs, *ibid.*, p. 393-394.

> Aristote avertit bien à propos que personne ne fonde legerement ses conjectures sur un signe seul, mais par la recerche et conference de plusieurs considere ceux qui accordent, discordent, maintiennent une mesme chose ou la contraire[8].

Une fois de plus, au fondement de ces analyses, une réflexion sur le rapport de l'âme et du corps. Mais les métaphores du domicile ou du vêtement semblent ici céder la place à celle de l'étui, du fourreau. Guillaume Paradin, préfaçant le petit livre de Fuchs, propose cette variation sur le « Connais-toi toi-même » :

> Estant la congnoissance de soymesmes le comble et souveraineté de sagesse, selon l'ancien oracle, convient presupposer icelle congnoissance consister principalement en deux choses, à savoir la congnoissance de l'ame, entendement et esprit, laquelle est toute celeste ; l'autre en la congnoissance du corps, qui est l'estui et fourreau de l'ame, et combien que ceste-ci soit entierement terrestre, si est-ce qu'elle est peu moins necessaire que l'autre. [...] La disposition de l'entendement et esprit ne peut estre bonne, estant l'ame logee en un corps indispost, et mal-habitué, ainsi que nous voyons advenir en la splendeur d'une feuille d'espee, mise en un fourreau rompu : car quelque bien fourbie qu'elle soit, elle perd incontinent ceste estincelante lueur, devenant rouillee et obscure, pour n'estre contregardee comme il appartient.

Fuchs en tire les conséquences :

> Puisqu'il est quasi impossible que l'ame soit saine, si le corps n'est en bonne disposition, et habitude : tout homme se doit prendre garde à sa santé corporelle, non pour en abuser en delices, et voluptez animales, ains pour servir à l'ame d'un bel etui, dont elle ne puisse tirer aucune rouillure de vice, mais splendeur de toute vertu[9].

8. Peucer, ouvr. cité, p. 517.
9. L. Fuchs, *ibid.*, Epistre au Lecteur.

De son côté, Peucer, ayant intégré les signes physiognomoniques aux signes naturels, peut s'autoriser du livre de Galien intitulé *Que les affections de l'esprit suivent les temperamens des corps*, où, dit-il, l'auteur prouve que

> les inclinations et œuvres procedantes de la pensee conviennent avec les temperamens des corps. [...] Au reciproque les actions des membres donnent entree pour bien juger des temperamens d'iceux, de leurs forces, effects naturels et inclinations.

Il y a donc des chemins de traverse, certes difficiles à repérer et à emprunter, pour avoir quelque connaissance à la fois de la nature des corps et des mouvements qui s'opèrent en leur sein.

Les décrire est une préoccupation principale de Jacques Aubert, qui, retiré, sans doute pour fait de religion[10], à Lausanne, y publie en 1571, un intéressant petit livre[11] intitulé *Natures et complexions des hommes, et d'une chacune partie d'iceux, et aussi des signes par lesquels on peut discerner la diversité d'icelles*. Aubert est attentif à la fois à la multiplicité de ces signes et à leur fragilité, ainsi que le souligne le court dernier chapitre, digne d'être entièrement cité :

> Les signes qu'avons icy produits des natures intemperées des hommes appartiennent proprement aux parties de noz corps, qui se manifestent premierement à la veue, c'est à savoir à la peau et aux muscles, qui couvrent et enveloppent noz os. Tous les autres signes requis pour cognoistre entierement les complections imparfaites doivent estre cerchez és temperatures, signes, facultez et operations du cerveau, du cœur, du foye et des testicules. Davantage il faut noter que tous les signes

10. Parmi les choses propres à engendrer bon sang, il compte « le dormir mediocre, et la vie monachale, c'est à dire, sans soin, ne souci de chose aucune, mais remplie de joye et passe temps » (*Natures et complexions des hommes*, p. 137).

11. Ce livre est l'une des sources importantes d'Ambroise Paré. Voir Paré, *Les Œuvres*, éd. E. Berriot-Salvadore, J. Céard et G. Pineau, Paris, Classiques Garnier, 2019, p. 167, n. 1.

qu'avons escrits des intemperatures n'appartiennent qu'aux hommes qui usent de nourriture temperée, et qui n'est aucunement vicieuse en quantité, ny en qualité, et qui habitent en une region temperée. Car l'air d'esté, et celuy de l'hyver, la vie umbrageuse pervertissent tous les signes qui procedent de la couleur, mollesse et dureté, qui autrement de soy seroyent tres-certains.

Aubert, on le voit, ne se contente pas d'un examen global. Il s'enquiert des « signes pour cognoistre un cerveau humain temperé » (chap. X), des « signes de la temperature temperée du cœur de l'homme » (chap. XI), des « signes de l'estomac et ventricule bien temperé » (chap. XII), des « signes du foye bien temperé » (chap. XIII), des « signes des testicules temperez » (chap. XIV), etc. Et, en chaque cas, il note la forme de la partie, ou la pilosité qui l'accompagne, ou les « excréments » qu'elle rejette. Ainsi la forme de la tête peut indiquer la température tempérée du cerveau « quand elle est ronde et pressée d'un chacun costé des aureilles, afin qu'il y ait une prominence devant et derriere, et quand la grandeur d'icelle est proportionnée au reste du corps[12] ». La nature tempérée du foie « est manifestée par les veines et par le poil des hypocondres et flancs[13] ». Celle du cœur apparaît par la pilosité de la poitrine, car « la poitrine de cestui-là qui a le cœur bien temperé n'est point par tout vellue et pellue, ne du tout sans poils, mais mediocrement pellue[14] », alors que les personnes au cœur trop froid « ont la teste grande et le pourpoint petit et [...] n'ont aucun poil en la poitrine[15] ». Mais il faut aussi penser que

12. Jacques Aubert, *Natures et complexions des hommes, et d'une chacune partie d'iceux, et aussi des signes par lesquels on peut discerner la diversité d'icelles*, Lausanne, François Lepreux, 1578, p. 78.

13. Aubert, *ibid.*, p. 83.

14. Aubert, *ibid.*, p. 81.

15. Aubert, *ibid.*, p. 106.

le médecin selon Jacques Aubert doit, non seulement noter ces indices, mais encore s'enquérir des conditions de vie du patient puisque celles-ci peuvent les modifier profondément.

Les excrétions occupent une certaine place dans les examens de cette sorte. Le même Aubert, qui assure que la forme de la tête indique la température du cerveau, ajoute que « la derniere marque pour cognoistre un cerveau temperé, doit estre prise des excremens qui sortent de la teste par le palais, par les yeux et par les narines », sans compter les cheveux dont la couleur et la souplesse sont également indicatives. Fuchs s'arrête aux « egestions ou excremens du ventre » (chap. XLV) et aux crachats (chap. XLV). On pressent certes que ces médecins portent une attention particulière à l'urine. Fuchs en indique la raison qui se rapporte une fois de plus à l'invisible, au caché, auquel le médecin doit tâcher d'accéder en empruntant ce qu'on a appelé ci-dessus des chemins de traverse : « Des choses qui sont au foye, et dedens les veines, nous n'en avons aucun signe evident ny manifeste, que par le moyen de l'urine seule[16]. » Une tradition comique et critique à la fois se plaît à représenter les médecins un urinal à la main, uniquement occupés à mirer les urines. Fuchs lui-même s'irritait déjà de cet usage, en une page dont la verve distrait un instant du sérieux de son ouvrage :

> [...] ce que j'ay voulu resumer à fin que plusieurs Medecins de nostre temps entendissent en quelle erreur ilz sont, voulans et s'efforçans de predire temerairement toutes maladies et tous maux par l'inspection de l'urine [...] Attendu qu'ils abusent si malheureusement de l'inspection de l'urine, ils seront dignes d'estre nommez, non seulement machemerde (comme Aristophanes ha nommez les avares et indoctes

16. L. Fuchs, ouvr. cité, p. 403.

> Medecins[17]), mais aussi buveurs de pissat, par un nouveau, toutefois bien convenant, epithete[18].

Il n'empêche que Fuchs détaille à loisir, en s'inspirant du *De urinis* du Byzantin Actuarius[19], les couleurs possibles de l'urine en des pages dont l'invention verbale fait presque oublier l'objet :

> Les couleurs de l'urine sont six principaux : à savoir blanc, pasle, roux, flave, rouge, et noir. Toutes les autres sont comprises souz ceste-cy. Car l'urine blanche comprend souz soy plusueurs especes, à savoir l'urine crystalline, nivee, et celle qui est pure comme eaue : et pource se nomme aqueuse. [...] Celles que l'on nomme lactees, glauques tirant sur le pers, charopes, splendides, s'eslongnent un peu de ceste grandissime blancheur. L'urine lactee est celle qui resemble à du laict : et est meilleure que l'urine aqueuse, ny que la crystalline. L'urine glauque est transparente comme une corne. L'urine charope est celle qui est semblable au poil de chameau blanchastre, selon Actuaire[20]. Après la blanche vient la palastre : laquelle est un peu remote [= éloignée] de celle qui est extremement crue, à cause qu'elle reçoit quelque teinture. L'autre après ceste-y est la pasle, laquelle se fait quand avec l'humidité il se mesle un petit de colere sereuse, et d'autant sera plus coloree, de quand la concoction tirera plus oultre : et alors se fait l'urine roussastre. [...] Après ceste-cy est l'urine rousse : laquelle Actuaire, et aucuns nomment urine d'or : car elle est semblable à or pur[21].

Fuchs poursuit pendant des pages l'exposé de ce nuancier, le continuant par l'examen de « la substance et la couleur des choses contenues en l'urine » et de l'« altitude » de ces matières,

17. Aristophane, *Ploutos*, 696-706.

18. L. Fuchs, *ibid.*, p. 404.

19. Actuarii Johannis Zachariae filii, Graeciae Medici principis, *De Urinis libri VII*, Utrech, Gisbett van Zyll, 1670. (Éd. *princeps* en trad. latine à Venise, en 1519.)

20. Voir Actuarius, *ibid.*, p. 17 : « Charopus, qui similis est pilis subalbidis cameli, vel ungui lapillo sic appellato. »

21. L. Fuchs, ouvr. cité, p. 408-409.

c'est-à-dire de leur suspension dans l'urinal[22]. Ne nous attardons pas aux développements qu'il consacre encore à l'étude des déjections et des crachats, sinon pour noter après lui que le médecin bien avisé doit croiser soigneusement les nombreuses informations que lui apportent ces divers examens : on a noté l'irritation que procurent à cet adepte convaincu de l'uroscopie les « buveurs de pissat » qui limitent abusivement le champ de leurs investigations.

Autre voie d'accès au monde intérieur : l'examen des songes. Peucer consacre tout un livre à les étudier ; on ne retiendra ici que les songes dits naturels, ou, pour reprendre la définition de Peucer,

> les visions que nature, ou bien disposée, ou malade, forme de soy mesme et par sa vertu, estant incitee et irritee premierement par quelque principe interieur ou exterieur, s'aidant pour cest effect du service des instrumens forgez pour un tel usage, comme sont les nerfs, les esprits, le cerveau[23].

Au reste, certains de ces songes « ont quelque signification et presage produits par nature » ; d'autres sont simplement « esmeus par quelque affection du corps ou des facultez naturelles ». Ce sont ces derniers que l'on considère ici. Comme le dit le célèbre médecin zélandais Levinus Lemnius, dont les *Occulta naturae miracula* ont été deux fois traduits en français au XVIe siècle,

> les medecins ne perdront pas totalement leur peine, si souvent ils interroguent leurs malades, comment ils ont passé la nuit, et quels songes ils ont faits. Car iceux donnent la cognoissance des maladies, et de l'abondance des humeurs. De sorte que si quelcun songe qu'il se veautre dans de la fange et ordures, c'est un indice de puantes et putrides humeurs amassées au corps : mais si dans des fleurs de suave

22. L. Fuchs, *ibid.*, p. 421 et 426.
23. Peucer, ouvr. cité, p. 352.

> et bien flairante odeur, ce denote que des humeurs pures et synceres y dominent[24].

Pour revenir à Peucer, à qui l'on doit les analyses les plus déliées, on doit poser avec lui qu'il existe quatre sortes de songes : les songes naturels, les songes prédiseurs, les songes divins et les songes diaboliques. Les premiers (qui seuls ici nous intéressent) lui inspirent les analyses suivantes :

> Les choses veues, amassees, maniees ou pensees de jour venans à estre repetees et retissues en repos par le cerveau qui n'est pas tant occupé, il se fait un remuement nouveau d'icelles en l'ame : ou bien les temperamens et dispositions des corps, ou de quelques parties d'iceux, les surcroists, flus et reflus naturels ou acquis des humeurs, ou les defluxions et sejours d'icelles es membres sensitifs, esmeuvent les fantaisies au cerveau[25].

Ainsi les mouvements, imperceptibles encore, d'une maladie qui couve ou qui commence se communiquent au cerveau en état de repos et provoquent des songes qui en délivrent des indices. Peucer se range à l'analyse d'Aristote[26], selon qui « le Songe est un fantosme qui, formé par le mouvement des esprits sensibles, est representé aux [esprits] animaux dormans en tant qu'ils dorment ».

Et il en détaille les conséquences. De même que « les restes des choses que nous avons pensees ou faites en veillant nous reviennent en dormant », de même que le veneur rêve de chasse ou le juge de procès,

24. Levinus Lemnius, *Les Secrets miracles de nature*, trad., Lyon, Jean Frellon, 1566, p. 370.

25. Peucer, ouvr. cité, p. 359.

26. Aristote, *De insomniis*, 462a fin. Barthélemy Saint-Hilaire traduit : « L'image produite par le mouvement des impressions sensibles quand on est dans le sommeil, et en tant qu'on dort, voilà ce qui constitue vraiment le rêve. »

> L'experience fournit des songes de ceste sorte procedans d'un principe interieur, bien connus des medecins, qui d'iceux recueillent des conjectures touchant les maladies lesquelles doyvent bien tost saisir ceux qui font tels songes en santé, ou des affections et humeurs redondantes es malades. Les hommes choleres songent des embrasemens, bruslemens, querelles, debats, combats, couleurs jaunes, et leur semble qu'ils volent. Les melancholiques pensent voir des obscuritez, des tenebres, des fumees espaisses, songent qu'ils tracassent de nuict par des lieux deserts, ou ils rencontrent des fantosmes, des faces hideuses, et toutes choses effroyables. Les phlegmatiques voyent des eaux, des bains, voguent sur la mer, se plongent en l'eau, portent des fardeaux ou en rencontrent, qui leur bouschent le passage. Les sanguins sont (ce leur semble) en des joyeux festins, danses, caresses, et voyent tout luire autour d'eux[27].

En un certain sens, passé, présent et futur tendent à s'abolir comme tels, et ce qui a occupé le passé se met à remplir le présent et à dessiner le futur. Le songe, qui va voltigeant (Peucer utilise çà et là cette vieille image), ignore les barrières du temps et peut donc, à qui sait en scruter le cours, livrer d'inédites informations. Encore faut-il entrer par la bonne porte : Peucer commence sa réflexion sur les songes en citant Homère et en rappelant, selon celui-ci, les deux portes des songes, la porte de corne et la porte d'ivoire. La porte des songes vrais, à qui sait la reconnaître, entrouvre la forteresse du corps, pour reprendre une formule déjà utilisée dans les pages précédentes, mais dont on ne s'étonne pas de la rencontrer sous la plume de Simon Goulart traducteur de Peucer : exposant les « présages des médecins », il remarque qu'une santé robuste peut tenir tête à la maladie, « sinon que la longueur du temps viene

27. Peucer, ouvr. cité, p. 381.

à la matter et qu'elle succombe avant qu'atteindre la matiere qui assaut la forteresse[28] ».

Cette forteresse, il faut la tenir en état pour qu'elle reste imprenable. C'est tout l'objet des livres de diététique qui se multiplient au XVIe siècle[29]. On a, dans un chapitre précédent, indiqué les principes auxquels obéissent ces ouvrages et les six rubriques qui les organisent. Il est bon de leur laisser maintenant la parole, d'autant que celle-ci est de plus en plus abondante. Pour ne citer que le célèbre médecin Nicolas Abraham de la Framboisière (1560-1636), conseiller et médecin ordinaire du roi, constatons que, dans un corps de médecine de près de mille pages, il commence par en consacrer une centaine à la diététique, en soulignant qu'« elle sera expliquée en premier lieu, parce que la santé vient avant la maladie (*quia sanitas morbo prior*)[30] ». Après un premier livre, qui définit les six choses en question, il explique « comment il faut diversifier le régime selon la variété des complexions » (livre II), « comment les dames se doivent gouverner en leur vivre pour conserver leur beauté » (III), « comment il faut varier la manière de vivre selon la variété des âges » (IV), « qu'on se doit diversement gouverner en son vivre selon la diversité des pays » (V), « comment il faut diversifier la manière de vivre selon la diversité des saisons » (VI).

28. Peucer, *ibid.*, p. 406. Goulart explicite ainsi ces mots du texte latin (*Commentarius de praecipuis generibus diuinationum*, Wittenberg, J. Crato, 1560, p. 284) : « [...] nisi frangatur diuturnitate, et succumbat priusquam consequatur in materiam infestantem dominium ».

29. Voir Jean Céard, « La diététique dans la médecine de la Renaissance » (Coll. de Tours, mars 1979), in *Pratiques et discours alimentaires à la Renaissance*, Paris, Maisonneuve et Larose, 1982, p. 21-36.

30. On cite ici Nicolas Abraham de la Framboisière d'après l'éd. collective de ses *Œuvres*, Lyon, Pierre Bailly, 1669.

Il ajoutera même plus tard un petit traité « pour la conservation de la santé contre les injures du temps », où il traitera de la manière de varier son habillement.

Conscient de ce que « la maladie et sa cause interieure, le plus souvent sont eslongnees de nos sens, et ne se manifestent point à la veue[31] », que, si « l'on aperçoit quelle partie du corps est malade, par l'action offensée, par l'espece et situation de la douleur, par les excremens, et par les accidens, et propres symptomes », « toutesfois tous ces signes ne paroissent pas toujours[32] », La Framboisière propose de prévenir ces événements par une diététique méditée. Toujours désireux de participer selon sa compétence au gouvernement de la « république », dit-il dans la dédicace de ses livres diététiques, il entreprend, en cette période où enfin « la sanglante Bellonne » ne sévit plus, de prendre les armes de nature et de montrer « la maniere de les bien manier pour la defence du corps humain »[33] et il présente « l'air, le boire et manger, le dormir et veiller, le mouvement et repos, l'excretion des superfluitez du corps, les passions de l'ame » comme les « armes defensives et offensives de santé, selon qu'on les manie bien ou mal »[34].

Même si La Framboisière s'efforce à un langage purement descriptif, il se laisse aller çà et là à user d'images volontiers martiales. Veut-il, par exemple, établir que les évacuations sont nécessaires, mais doivent être réglées ? Comme il est difficile de parler des sécrétions séminales sans braver l'honnêteté, il recourt au langage imagé de la guerre et assure son lecteur qu'« il est bien dangereux aussi d'aller souvent à l'escarmouche sous la cornette de Venus :

31. La Framboisière, *Œuvres*, 1669, p. 183.
32. La Framboisière, *ibid.*, p. 180.
33. La Framboisière, *ibid.*, p. 61.
34. La Framboisière, *ibid.*, p. 67.

il n'y a si vaillant Capitaine qui ne soit enfin harassé de tant porter le harnois au combat[35] ». Au demeurant, quand il décrit le mode de vie des divers tempéraments, il n'oublie guère de définir ce que peut être leur comportement sur le champ de bataille, ou leur aptitude à exercer ou non un commandement. Les mélancholiques « s'ils s'addonnent aux armes, font par stratagemes subtils et faits heroïcs tant de fois preuve de leur prudence et valeur qu'ils sont reconnus capables de conduire gens de guerre » et « s'avancent de grade en grade » jusqu'à la plus haute dignité[36]. Le cholérique, lui, est « bon pour porter les armes sous la charge d'un vaillant Capitaine, principalement lorsqu'il a cet honneur d'avoir la pointe[37] en un assaut, et en une rencontre, où il faut par necessité combattre à l'improviste, sans reconnoistre : Mais non pas quand il dresse une embuscade, où il faut beaucoup arrester pour espier l'occasion d'attaquer à propos son ennemy[38] ».

À vrai dire, ces considérations martiales sont comme appelées par la classique représentation de la médecine livrant combat à la maladie. Kaspar Peucer, qui expose une sémiotique particulièrement fine, d'inspiration galénique, en propose une variante, la nature et la maladie s'affrontant en un rude duel :

> D'autant qu'il y a des signes qui sont tesmoins d'une santé entiere et ferme, il y en a d'autres qui monstrent que nature est foible, abatue sous les pieds de la maladie, les autres font voir icelle nature se remettant au dessus et victorieuse, les autres sont douteux et incertains [...]. Ces signes sont ou salubres, ou maladifs, ou neutres. Les salubres monstrent une

35. La Framboisière, *ibid.*, p. 94.
36. La Framboisière, *ibid.*, p. 102.
37. C'est-à-dire : d'être en tête.
38. La Framboisière, *ibid.*, p. 100.

> santé entiere et vigoureuse : les maladifs remarquent une indisposition et maladie : les neutres sont douteux, et ne concluent expressément ni à disposition ni à indisposition[39].

À leur tour, ces signes se divisent en diagnostiques, prognostiques et anamnestiques[40]. De plus, « quant aux signes maladifs, tant Diagnotiques que Prognostiques, les uns sont pathognomoniques[41], les autres annexez, les autres sont accidens critiques[42] ».

Il n'est pas utile de résumer davantage l'exposé de Peucer ; mais un simple exemple en fait voir au mieux la remarquable complexité, et la foule des signes par lesquels l'univers obscur du corps entrouvre ses mystères à celui qui sait le scruter :

> Les signes Critiques sont symptomes ou accidens de leur nature : mais en tant qu'ils monstrent la lucte et le conflict de nature avec la maladie, et le changement qui suit de pres ce combat, ils ont efficace et proprieté de signes. En ce rang sont les sueurs, flux de sang, frissons, flux de ventre, vomissemens, soudaines douleurs de teste, extraordinaire difficulté de respirer, rude battement de cœur, les hypocondres tendus sans douleur, veilles demesurees, resveries, nuicts pleines d'inquietude non acoustumee, anticipation d'actes, larmes qui viennent aux yeux non malades sans y penser et sans tristesse, rougeur de face, tremblement de la levre de dessous, apparitions de choses luisantes, obscures et tenebreuses à nos yeux, respirations difficiles, rougeur soudaine es joues ou au nez, enflures et autres accidens du flux des humeurs agitees de nature et tombans sur les jointures, et autres choses semblables[43].

39. Peucer, ouvr. cité, p. 401.

40. Ou commémoratifs. Signes qui permettent de découvrir les antécédents de la maladie. Ces signes, dit Peucer, *ibid.*, p. 403, « presentent à la memoire l'indisposition passée ».

41. Signes qui « naissent avec la maladie mesme, se monstrent et s'avancent incontinent et au milieu des commencemens, lorsque la maladie se pousse et fait sentir, et monstrent (s'il faut ainsi dire) l'essence de la maladie » (Peucer, *ibid.*, p. 403).

42. Peucer, *ibid.*, p. 403.

43. Peucer, *ibid.*, p. 405-406.

Si l'on ajoute que l'interprétation de ces signes est en partie commandée par le moment de leur apparition, on mesure la « ruse » qui doit être celle du médecin. Lecteur attentif de Galien, Peucer a souci de croiser ces signes, sans dissimuler que le médecin entré dans la forêt des signes s'y avance à tâtons. On peut sans fausser sa pensée appliquer à la médecine cette remarque que lui inspire la contemplation du grand monde :

> Nos conoissances, pour la pluspart, voire celles que nous avons fondees et aprehendees plus certainement, ne sont autre chose que certaines conjectures et devinations touchant les proprietez interieures et cachees des choses, recueillies des marques, effects et actions qui se presentent à nos sens : et au reciproque, ce sont des discours que nous faisons par une prevoyance de loin touchant les effects qui se peuvent ensuivre des choses remarquees à l'aide et moyennant l'adresse d'autres effects semblables desquels nous avons descouvert les proprietez[44].

44. Peucer, *ibid.*, p. 485.

Conclusion

Les métaphores destinées à imager les rapports de l'âme et du corps, on l'a dit, sont très diverses. Leur nombre même vient certainement de ce qu'aucune d'entre elles n'est tout à fait adéquate. Antoine du Moulin, qui publie en 1550 une *Physionomie naturelle* et qui connaît bien les anciens physionomistes, en propose une qu'il ne nous a pas encore été donné de rencontrer :

> Loxus dit que par la qualité du corps, il congnoit la qualité et disposition du cœur et courage de l'homme, par ce que le sang est le domicile et habitation de l'esprit et courage. Et certes, tout corps, et aussi ses parties, donnent signe ou demonstrent la vivacité et paresse selon que le sang est vif ou lasche : ou selon qu'il est delié ou espais, et son cours droit : ou bien si ledit cours du sang est tortu et estroit, cela denote choses contraires et diverses. Mais Aristote et Polemon estiment et cuident l'ame par compassion tellement representer et donner à congnoitre le corps, comme l'ame prend et emprunte une espece ou forme de la qualité et disposition du corps. Tout ainsi que la chose humide mise en un vaisseau se change, aussi fait l'esprit ou souffle escoulé ou espandu dans une flutte ou tuyau, ou trompette. Car combien que l'esprit et souffle soit egal et uniforme, neantmoins une flutte sonne autrement que la trompette[1].

1. *Physionomie naturelle*, Extraite de plusieurs Philosophes anciens. Et mise en François par M. Antoine du Moulin Masconnois, Lyon, Jean de Tournes, 1550, p. 14-15.

De l'opinion du médecin Loxus, qui pourrait se formuler avec les mots du titre d'un petit traité de Galien, particulièrement goûté à la Renaissance, *Que les mœurs de l'âme suivent le tempérament du corps*, Du Moulin distingue celle d'Aristote et de Polémon qui soulignent la « compassion » de l'âme et du corps et établissent entre l'une et l'autre un rapport comparable à celui du souffle et de l'instrument à vent qui le recueille.

Cette relation de compassion ou de sympathie est très nettement formulée par Giambattista della Porta, dont le *De humana physiognomia*[2] a été traduit en français au XVIIe siècle par un certain Rault[3]. Traitant « De mutua animi et corporis consequutione », « Du lien mutuel de l'âme et du corps », il assure que « les dispositions corporelles ont une grande correspondance avec les puissances et les vertus de l'Ame : jusque-là que le corps et l'ame ont telle Sympatie qu'eux-mesmes ils deviennent les causes de plusieurs passions qu'ils se communiquent l'un l'autre »[4]. Relation à double sens, que les métaphores fondées sur un rapport de contenant et de contenu sont impropres à exprimer.

Au reste, quand Porta veut illustrer par des exemples cette relation, il allègue Aristote qui exhorte Alexandre à apprendre la science physiognomonique en lui remontrant « qu'à l'inspection

2. G. B. della Porta, *De humana physiognomia*, Vici Æquensis, ap. Iosephum Cacchium, 1586.

3. *La Physionomie humaine* de Jean Baptiste Porta [...] enrichie de quantité de figures tirées au naturel, où par les signes exterieurs du Corps, on voit si clairement la complexion, les mœurs et les desseins des hommes, qu'on semble penetrer jusques au plus profond de leurs Ames. Nouvellement traduite du Latin en François par le Sieur Rault. Rouen, Jean et David Berthelin, 1655.

4. Porta, *De humana physiognomia*, p. 5 et 6 : « corporeae dispositiones animae potentiis et virtutibus correspondent, imo anima et corpus ita sibi mutuo correspondent, ut plurimarum ad inuicem passionum causae fiant » ; trad. fr., p. 6.

du visage il doit choisir des officiers pour les charges de son Royaume », aussi bien qu'Avicenne qui « montre qu'elle est tres-utile aux Medecins, afin de pouvoir juger aux visages et aux yeux des maladies »[5]. Et le tout premier chapitre du livre décrit dans son détail cette « sympathie de l'âme et du corps », que le latin appelle « mutua animi et corporis consequutio » :

> L'experience journaliere nous apprend que nos ames sont subjetes à l'empire des passions, à raison de l'impression qu'elles reçoivent des mouvemens du Corps ; et que le Corps s'altere et se corrompt par les passions de l'Ame ; que comme deux ennemis ils se font la guerre l'un et l'autre, et qu'estant obligez de faire tréves par leur Sympathie, ou certaine alliance qu'ils ont contractée, ils rencontrent leur guerison apres leurs blesseures ; et qu'enfin ils compatissent mutuellement ensemble. Pour si peu de raison que l'homme soit pourveu, il luy est aisé de remarquer que dans les maladies Corporelles l'Ame et le Corps souffrent les mesmes passions, et ont tous deux de pareils troubles à mesme temps. [...] Le Corps n'est pas moins agité des passions de l'Ame ; ce qui se remarque en celuy qui est embrasé du feu d'amour, et devient comme furieux ; car son Corps change à moins de rien, et se desseiche tout à coup[6].

C'est cette sociabilité de l'âme et du corps, ou, mieux, de cette âme et de ce corps, qui, chez le loup-garou, chez l'ensorcelé, chez le fou, est menacée. Comme écrit encore Porta,

> Considerant la nature des animaux, on n'en a jamais veu aucun qui dans le Corps d'une espece eut l'Ame d'une autre espece ; l'on n'a jamais veu loup ou brebis, qui eut l'Ame du chien ou du lion : mais tousjours le loup et la brebis suivant leur nature auront en leur Corps l'Ame qui leur est propre ; de sorte que le Corps d'un animal tel qu'il soit doit avoir necessairement l'Ame convenable à son espece[7].

5. Porta, *La Physionomie humaine*, trad. fr., Préface, f° a vi r°.
6. Porta, *ibid.*, p. 1-2.
7. Porta, *ibid.*, p. 4.

Cette règle est générale. On comprend l'inquiétude que suscitent ses possibles transgressions.

Au reste, la science des signes est difficile à pratiquer, et son exercice semé d'embûches. Antoine du Moulin multiplie les mises en garde. Il n'est pas facile de différencier le visage d'un pensif de celui d'un furieux ou d'un cruel[8] :

> Pourquoy est-ce que plusieurs choses sont tellement obscures, difficiles et cachees, qu'elles ne peuvent aucunement estre appercues avec les yeux : et à peine sont comprises ny entendues par nostre esprit, ains sont plus tost cognues par fortune, et accidens, que par elles mesmes ? Car certainement les cas advenans d'aventure, la conversation humaine, et la propre industrie et diligence de nostre force et vertu cachent et obscurcissent plusieurs signes.

Outre que ces signes sont en eux-mêmes délicats à percevoir, ils peuvent être brouillés par diverses circonstances :

> Et aussi les aages, maladies, douleurs, courroux, tristesses, solicitudes et chagrin, combien qu'ils ne changent point tous les signes, neantmoins ilz en troublent et entremeslent aucuns d'iceux. A ceste cause le Physionome et expert en ceste science pensera et considerera longuement à celle fin qu'il puisse discerner et distinguer les choses temporelles des naturelles : et ne faut point qu'il se fie ny assoie jugement à un ou deux signes, mais il en marquera plusieurs[9].

À la difficulté de lire tous ces signes s'ajoute une difficulté plus générale, qui tient à la plus ou moins grande *symétrie* de l'âme et du corps. Ce rapport, qui s'appelle aussi *proportion*, est certes de grande importance pour les physionomistes, séduits par le néoplatonisme, mais il n'est pas négligé par les anatomistes comme

8. Antoine du Moulin, *Physionomie naturelle*, ouvr. cité, p. 29.
9. Du Moulin, *ibid.*, p. 29-30.

André du Laurens, qui, par exemple, s'interroge sur « la figure de la teste » et écrit :

> La petite teste est toujours blasmée, parce qu'elle demonstre l'imbecillité [= la faiblesse] de la faculté formatrice et la disette de matiere spermatique. Pour cette raison ceux qui ont escrit de la physionomie disent qu'elle demonstre un esprit volage et temeraire, à cause de la petite quantité d'esprits, qui estans renfermez en une cavité estroite, s'échauffent outre mesure et ne se peuvent pourmener librement[10].

Les réticences que suscitent les propositions des physionomistes tiennent moins à la doctrine qu'ils professent qu'à ses dangereuses conséquences possibles. Le *De humana physiognomonia* de Porta, dans sa première édition de 1586, fait suivre son épître de dédicace de cet avertissement, visiblement dicté par les autorités religieuses :

> Haec scientia coniecturalis est, nec semper optatum assequitur finem : cuius signa naturales tantum propensiones indicare possunt, non autem actiones nostrae liberae voluntatis [...].
>
> Cette science est conjecturale et n'atteint pas toujours la fin souhaitée : les signes naturels qu'elle note ne peuvent indiquer que des penchants, non des actions de notre libre volonté.

On ne s'étonne donc pas de la célébrité de l'exemple de Socrate et du physionomiste Zopyre, que les auteurs ne manquent jamais de rappeler. Elle est rapportée en détail dans la préface du livre de Porta ; retenons ici l'alerte version de Peucer :

> Nous lisons que Zopyrus Physionome jugea que Socrates estoit un sot et un lourdaut, apres l'avoir contemplé haut et bas, adjoustant mesmes, qu'il estoit sujet aux femmes : dont Alcibiades se print à rire à gorge deployée, attendu qu'on n'avoit jamais remarqué de telles imperfections en Socrates : d'autant qu'il avoit corrigé les fautes de nature, reprimé et

10. André du Laurens, *Toutes les Œuvres*, XII, 1, trad. Théophile Gelée, Paris, 1621, p. 299b.

> donté les vices procedans de causes naturelles par l'adresse de sa volonté, vivacité d'entendement et discipline, de telle sorte que jamais homme ne luy vid faire acte de folie ou d'intemperance[11].

Laissons conclure le juriste et politologue toulousain Guillaume de la Perrière (1499-1554) à qui l'on doit le premier recueil français d'emblèmes, *Le Theatre des bons engins*, publié en 1540 et de nombreuses fois réédité. L'emblème LXIV propose, dans un décor d'arbres et de coteaux, l'image d'un petit homme à grosse tête[12]. Le dizain qui la commente, sans rejeter l'idée de proportion, invite avec humour le lecteur à se garder de conclure à une étroite subordination de l'âme au corps :

Sur gresle corps, la teste de geant	
Ne convient pas, et soubz grande stature	
Un petit chef y seroit mal seant.	
Proportion fait belle la nature,	
Ne fault tenir sote la creature,	
Pourtant s'elle ha petite et ronde teste.	Pour cette raison qu'elle a
Ne fault tenir l'homme pour grosse beste,	
Pourtant s'il ha le chef gros comme un veau :	Pour cette raison qu'il a la tête grosse
Mais qu'il y ayt proportion au reste.	Pourvu qu'il y ait
Le trop gros chef ne faict pas le cerveau.	

11. Kaspar Peucer, *Les devins ou commentaire des principales sortes de devinations*, trad. Simon Goulart, Anvers, Heudrik Connix, 1584, p. 517.

12. Guillaume de la Perrière, *Le theatre des bons engins, auquel sont contenus cent emblemes*, Paris, Denis Janot, 1540 (n. s.), LXIIII.

Table des matières

Cet ouvrage,
le trentième
de la collection
« Les Belles Lettres / Essais »
a été achevé d'imprimer
en février 2021
sur les presses
de la Nouvelle Imprimerie Laballery
58500 Clamecy, France

N° d'éditeur : 9832
N° d'imprimeur : 102133
Dépot légal : mars 2021

Imprimé en France